Ⓢ新潮新書

藤原正彦
FUJIWARA Masahiko

国家の品格

141

新潮社

はじめに

三十歳前後の頃、アメリカの大学で三年間ほど教えていました。以心伝心、あうんの呼吸、腹芸、長幼、義理、貸し借り、などがものを言う日本に比べ、論理の応酬だけで物事が決まっていくアメリカ社会が、とても爽快に思えました。向こうでは誰もが、物事の決め方はそれ以外にないと信じているので、議論に負けても勝っても、根に持つようなことはありません。人種のるつぼと言われるアメリカでは、国家を統一するには、すべての人種に共通のもの、論理に従うしかないのです。

爽快さを知った私は、帰国後もアメリカ流を通しました。議論に勝っても負けても恨みっこなし、ということで、教授会などでは自分の意見を強く主張し、反対意見に容赦ない批判を加えました。改革につぐ改革を声高に唱えました。アメリカでは改革は常に善だったからです。結局、私の言い分は通らず、会議で浮いてしまうことが重なりました。

　数年間はアメリカかぶれだったのですが、次第に論理だけでは物事は片付かない、論理的に正しいということはさほどのことでもない、と考えるようになりました。数学者のはしくれである私が、論理の力を疑うようになったのです。そして、「情緒」とか「形《かたち》」というものの意義を考えるようになりました。

　そんな頃、四十代前半でしたが、イギリスのケンブリッジ大学で一年ほど暮らすことになりました。そこの人々は、ディナーをニュートンの頃と同じ部屋で、同じように黒いマントをまとって薄暗いロウソクのもとで食べることに喜びを見出すほど伝統を重んじていました。論理を強く主張する人は煙たがられていました。以心伝心や腹芸さえありました。同じアングロサクソンとは言っても、アメリカとはまったく違う国柄だったのです。そこでは論理などより、慣習や伝統、個人的には誠実さやユーモアの方が重んじられていました。改革に情熱を燃やす人も少しはいましたが、「胡散《うさん》臭い人」と見られているように感じました。紳士たちはそのような人を「ユーモアに欠けた人」などと遠回しに評したりします。

　イギリスから帰国後、私の中で論理の地位が大きく低下し、情緒とか形がますます大きくなりました。ここで言う情緒とは、喜怒哀楽のような誰でも生まれつき持っているものではなく、懐かしさとかもののあわれといった、教育によって培われるものです。形とは主に、武士道精神からくる行動基準です。

　ともに日本人を特徴づけるもので、国柄とも言うべきものでした。これらは昭和の初め頃から少しずつ失われてきましたが、終戦で手酷く傷つけられ、バブルの崩壊後は、崖から突き落とされるように捨てられてしまいました。なかなか克服できない不況に狼《ろう》狽《ばい》した日本人は、正気を失い、改革イコール改善と勘違いしたまま、それまでの美風をかなぐり捨て、闇雲に改革へ走ったためです。

　経済改革の柱となった市場原理をはじめ、留まるところを知らないアメリカ化は、経済を遥かに超えて、社会、文化、国民性にまで深い影響を与えてしまったのです。金銭至上主義に取り憑かれた日本人は、マネーゲームとしての、財力にまかせた法律違反すれすれのメディア買収を、卑怯とも下品とも思わなくなってしまったのです。

戦後、祖国への誇りや自信を失うように教育され、すっかり足腰の弱っていた日本人は、世界に誇るべき我が国古来の「情緒と形」をあっさり忘れ、市場経済に代表される、欧米の「論理と合理」に身を売ってしまったのです。

日本はこうして国柄を失いました。「国家の品格」をなくしてしまったのです。現在進行中のグローバル化とは、世界を均質にするものです。日本人はこの世界の趨勢《すうせい》に敢然と闘いを挑むべきと思います。普通の国となってはいけないのです。欧米支配下の野卑な世界にあって、「孤高の日本」でなければいけません。「孤高の日本」を取り戻し、世界に範を垂れることこそが、日本の果たしうる、人類への世界史的貢献と思うのです。

本書は講演記録をもとに、それに大幅に筆を加えたものです。話し言葉に品が欠けていたため、ほとんどすべての文章に筆を入れる羽目になりました。品格なき筆者による品格ある国家論、という極めて珍しい書となりました。

二〇〇五年十月

藤原正彦

国家の品格——目次

はじめに　3

第一章　近代的合理精神の限界　11
すべての先進国で社会の荒廃が進行している。その原因は、近代のあらゆるイデオロギーの根幹を成す「近代的合理精神」が限界にぶつかったことにある。

第二章　「論理」だけでは世界が破綻する　35
「論理を徹底すれば問題が解決できる」という考え方は誤りである。帝国主義でも共産主義でも資本主義でも例外はない。「美しい論理」に内在する四つの欠陥を指摘する。

第三章　自由、平等、民主主義を疑う　65
自由と平等の概念は欧米が作り上げた「フィクション」である。民主主義の前提条件、「成熟した国民」は永遠に存在しない。欧米社会の前提を根底から問う。

第四章　「情緒」と「形」の国、日本　95
自然への感受性、もののあわれ、懐かしさ、惻隠の情……。論理偏重の欧米型文明に代わりうる、「情緒」や「形」を重んじた日本型文明の可能性。

第五章　「武士道精神」の復活を　116
鎌倉武士の「戦いの掟」だった武士道は、日本人の道徳の中核をなす「武士道精神」へと洗練されてきた。新渡戸稲造の『武士道』を繙《ひもと》きながら、その今日性を論じる。

第六章　なぜ「情緒と形」が大事なのか　130
「情緒と形」の文明は、日本に限定すべきものではない。そこには世界に通用する普遍性がある。六つの理由を挙げて説く、「情緒と形」の大切さ。

第七章　国家の品格　158
日本が目指すべきは「普通の国」ではない。他のどことも徹底的に違う「異常な国」だ――。「天才を生む国家」の条件、「品格ある国家」の指標とは。

本書は、城西国際大学・東芝国際交流財団共催の講演記録をもとに執筆したものです。

第一章　近代的合理精神の限界

私の確信

これから私は、「国家の品格」ということについて述べたいと思います。我が国がこれを取り戻すことは、いかに時間はかかろうと、現在の日本や世界にとって最重要課題と思います。

私は、自分が正しいと確信していることについてのみ語るつもりですが、不幸にして私が確信していることは、日本や世界の人々が確信していることとしばしば異なっております。もちろん私ひとりだけが正しくて、他のすべての人々が間違っている。かように思っております。

もっとも、いちばん身近で見ている女房に言わせると、私の話の半分は誤りと勘違い、残りの半分は誇張と大風呂敷とのことです。私はまったくそうは思いませんが、そういう意見のあることはあらかじめお伝えしておきます。

欧米にしてやられた近代

まずは簡単に歴史を振り返ることからはじめてみたいと思います。

近現代の最近五世紀ぐらいを振り返って考えてみると、何はともあれ「欧米にしてやられた時代」としか言いようがありません。

いくらアジアが、アフリカが、中南米が、あっちこっちで力んで反抗してみたところで、欧米の敵ではなかった。完全に欧米に支配されてしまいました。ルネッサンスから宗教改革、科学革命、そして産業革命が、「ヨーロッパに起きてしまった」ということが決定的でした。

とりわけ産業革命は、世界史上最大の事件と言えます。これによって、欧米が世界を支配するようになったのです。産業の力で作り出した強力な武器さえあれば、鉛筆より重いものを持ったことのないような非力な白人でも、槍一本でライオンを倒せるマサイの勇士を簡単に倒せます。正宗の名刀を光らせて日本の侍がおどりかかったところで同じ運命です。

このようにして世界はヨーロッパ、二十世紀にはヨーロッパを継いだアメリカに、「してやられた」わけです。産業革命の家元イギリスが七つの海を武力によって支配し、その後をアメリカが受け継いだ結果、いま世界中の子供たちが泣きながら英語を勉強している。侵略者の言葉を学ばなければ生きていけないのですから。

もしも私の愛する日本が世界を征服していたら、今ごろ世界中の子供たちが泣きながら日本語を勉強していたはずです。まことに残念です。

欧米は野蛮だった

産業革命はイギリスで起きてしまいました。アフリカ、中南米、中近東はもちろん、日本や中国でさえまったく起こりそうな気配がなかった。と言うと、いかにも欧米の白人が優秀で、他の民族が劣等であるかに思えてきます。

しかし事実はそうではありません。例えば五世紀から十五世紀までの中世を見てみましょう。アメリカは歴史の舞台に存在しないに等しい。ヨーロッパも小さな土地を巡って王侯間の抗争が続いており、無知と貧困と戦いに彩られていました。「蛮族」の集まりであったわけです。

一方、日本は当時すでに、十分に洗練された文化を持っていました。文化的洗練度の指標たる文学を見ても、万葉集、古今集、枕草子、源氏物語、新古今集、方丈記、徒然《つれづれ》草《ぐさ》……と切りがありません。この十世紀間における文学作品を比べてみると、全ヨーロッパが生んだ文学作品より日本一国が生んだ文学作品の方が質および量の両面で上、と私は思います。

当時のヨーロッパは、その程度のものでした。よほどの文学好きでない限り、五世紀から十五世紀までのヨーロッパの生んだ文学作品を三つ挙げられる人は少ないのではないでしょうか。

英文学も今では威張っていますが、有史以来一五〇〇年までの間にどんな作品が生まれたか。『カンタベリー物語』ぐらいしか頭に浮かばないでしょう。

数学のレベルも低かった

これは文学に限ったことではありません。当時のヨーロッパの数学を見てみると、あまりのレベルの低さに唖然《あぜん》としてしまいます。

例えば十一世紀、十二世紀になっても、まだ$\sqrt{2}$が有理数かどうかすら分からない。すなわち$\sqrt{2}$が分数で書き表せるかどうか分かっていないわけです。有理数でないことは、ピタゴラスが活躍していた古代ギリシャではもう分かっていた。しかし十一、二世紀のヨーロッパの数学は、古代ギリシャより遅れていたのです。文明は着実に進歩しても、文化は退歩することがある、という典型的な例です。

数学について言えば、中世においては中近東の方が優れていました。十三世紀になると、東西を股にかけた知的交流のおかげで、元《げん》が世界のトップクラスになります。

文学でも数学でも、ほとんどの文化において、ヨーロッパは沈滞していました。実際、一五〇〇年という年をピンポイントで見ても、統一されていた国さえ少なかった。イギリスも、ロシアも、イタリアも、ドイツも統一されていません。日本はとっくの昔から統一国家として存在していました。

このように十世紀間という長期にわたり非常に遅れていたヨーロッパで、まずルネッサンス、続いて宗教改革、ガリレイやニュートンなどによる科学革命が起こり、理性が解放されるようになって、ヨーロッパは初めて論理や近代的合理精神というものを手にした。これによって産業革命が起こり、その後の世界は欧米にやられてしまったのです。私のような愛国者にとって、我慢のならない状況が続いていたわけです。ところが、待ちに待った欧米支配の綻《ほころ》びが、ついにやってきました。

先進国はすべて荒廃している

いま日本は荒廃しているとよく言われますが、世界中の先進国はみな似たような状況です。

例えば核兵器を考えてみましょう。世の中で核兵器が好きな人は誰一人いません。しかし、核兵器は確実に拡がっております。パキスタンやインドが持った時はみんな仰天しましたが、今では北朝鮮のような極貧の発展途上国ですら持っています。

これからもどんどん持つ国が増えるでしょう。なぜなら外交上、核兵器を持った方が確実に得をするからです。アメリカやロシアなどの核保有国がいくら「核の拡散は人類の平和に対する脅威だからやめろ」と言ったところで、まったく迫力はない。そんなキレイゴトのお節介に、説得力がないのは明らかです。

アメリカは北朝鮮に「核を持つな」と言っていますが、自分たちは地球の全人民を何十回も殺せるような核兵器を持っている。「お前たち、やめろ」と言っても、言うことを聞くわけがない。「俺は理性を持っているからよいが、お前はならず者で何をするかわからないからダメだ」ということだからです。

私が金正日でもアメリカの言うことなんか聞きません。「オレたちも半分にするからお前もやめろ」と言うのだったら、まだ分かりますが。核兵器保有が国益上有利なのは、現在の北朝鮮を見ても分かります。核カードだけであらゆる援助を引きだそうとしています。周辺国も最大限の譲歩を重ねます。直情径行のアメリカでさえ核保有国を攻撃したことはいまだにありません。ゴネ得が成立するのです。誰もが憎んでいる核兵器がどんどん拡散していくわけです。

環境破壊だって同じです。わざわざ環境を破壊したい人は世界中に誰もいない。みんな緑の中でそよ風にあたりながら暮らしたいに決まってます。しかし、世界中で着実に環境が壊されています。

犯罪、家庭崩壊、教育崩壊

犯罪やテロも同様、すべての人が憎みながら広がっています。

私の友人でブリュッセルに住んでいる男がおります。数年前に彼のところに行ったら、ベッドの下からライフル銃を取り出してきました。アメリカなら珍しくありませんが、ヨーロッパの家庭で銃を見るのは初めてでした。「いったいどうしたんだ」と訊いたら、「EUの拡大で国境がなくなったら、東ヨーロッパの貧乏人たちが西ヨーロッパに出稼ぎに来るようになった。西の果てのベルギーでベンツやBMWなどの高級車を盗んで、そのままノンストップで東ヨーロッパまで逃げてしまえば、誰も捕まえられない」と言うんです。

「もし自分の車を盗もうとする奴がいたら、これをぶっ放すつもりだ」と、得意げにライフル銃を見せられました。まだぶっ放したことはないと言ってました。ちなみに彼の車は古びたフランス製でした。

このように、治安は非常に悪くなりました。テロも世界中の恐怖となったし麻薬やエイズの蔓延もとどまるところを知らない。

家庭崩壊や教育崩壊も、先進国共通の現象です。教育崩壊による学力の低下、子供たちの読書離れ、少年少女の非行は、どの先進国でも問題になっています。世界中の先進国で同じ問題が生じて同じように困っているのに、みんなどうしてよいか分からない。

数年前にイギリスの上院議員が私の家に遊びに来ました。私がケンブリッジ大学クイーンズコレッジで教えていた頃のそこの学長ですが、今では爵位ももらいイギリスの科学技術政策の中心になっている人です。彼も「イギリスでは理数離れがひどい」と話していました。読書離れもどんどん進んでいる、と。「原因についてはいろいろ言われるが、マサヒコ、真の原因はいったい何なのだろうか？」と深刻な顔で訊いてきました。

世界中の心有る人々が、このような広汎にわたる荒廃を「何とかしなければいけない」と思いながら、いっこうに埒《らち》があかない。文明病という診断を下し眉をくもらせているだけという状況です。この荒廃の真因はいったい何なのでしょうか。

近代的合理精神の破綻

私の考えでは、これは西欧的な論理、近代的合理精神の破綻《はたん》に他なりません。この二つはまさに、欧米の世界支配を確立した産業革命、およびその後の科学技術文明を支えた礎《いしずえ》です。現代文明の原動力として、論理・合理の勝利はあまりにもスペクタキュラー（劇的）でした。そこで世界は、論理・合理に頼っていれば心配ない、とそれを過信してしまったのです。

論理とか合理というものが、非常に重要なのは言うまでもありません。しかし、人間というのはそれだけではやっていけない、ということが明らかになってきたのが現在ではないでしょうか。近代を彩ってきたさまざまなイデオロギーも、ほとんどが論理や近代的合理精神の産物です。こういうものの破綻が目に見えてきた。これが現在の荒廃である、と私には思えるのです。

歴史を振り返ると「帝国主義」の時代というのがありました。今から考えると「帝国主義なんてくだらない」と考える人が大多数でしょう。しかし、一九〇〇年の時点で考えれば、イギリスで「帝国主義が悪い」と思っていた人は、ほとんどいなかったのではないでしょうか。

帝国主義や植民地主義には、きちんとした論理が通っています。「お前たちは劣等な民族である。劣等な民族は自ら自分の国を治められない。そのままにしておいたら、殺し合いや伝染病がはびこり、飢餓で死ぬ人も出てくるだろう。だから、劣等な民族のために、優等な民族であるイギリス人が統治してあげる」。本当に親切な論理が通っているのです。

一九〇〇年の時点のイギリスには、天才も秀才もたくさんいたし、人格者も聖職者もたくさんいたはずです。しかし、論理というものがきちんと通っていれば、後に振り返っていかに非道に思えることでも、なぜか人間はそれを受け入れてしまうのです。

国際連盟規約の「美しい言葉」

一九一九年、第一次大戦が終わった後にパリで講和会議が開催され、そこで新しくできる国際連盟の規約が決められました。その規約の「委任統治」に触れた箇所を読むと、自ら統治出来ない人々のために、彼らに代わって統治をしてあげることは、「文明の神聖なる使命」である、という趣旨のことが書いてあります。

「文明の神聖なる使命」。なんと美しい言葉でしょう。

彼らはこれを、本当に信じていたのでしょうか。おそらく、二十世紀に入って二十年近く経つと、植民地主義の欺瞞《ぎまん》にうすうす感づいて、そういう美しい言葉が必要になった、ということなのでしょう。

第一次世界大戦後、ヨーロッパでは一応「民族自決」となりましたが、そういう見事な論理によりイラク、ヨルダン、パレスチナはイギリスの、シリア、レバノンはフランスの委任統治領となったのです。一応戦勝国だった日本も、ドイツ領だったマーシャル諸島、カロリン諸島など南洋の島々を委任統治領としました。

パリ講和会議の時に、日本が本気で提案した「人種平等法案」が否決されています。黒人や日本からの移民を差別していたアメリカ、植民地を腹一杯抱え込んでいたイギリスとフランス、白豪主義のオーストラリアなどが反対したのです。白人の間の平等なら良いが、アジアやアフリカの人々との平等には反対ということです。アジアやアフリカの人々はがっかりし、唯一の非白人一等国である日本は深い怨念《おんねん》を持ちました。これは来るべき大東亜戦争の伏線ともなりました。

人種差別を続けるためにも、先の美しい言葉が必要だったのでしょう。人間は利益のためなら、いとも簡単に美しい言葉や見事な論理を作り出すのです。

今から考えると、植民地主義や帝国主義というのは、たんなる傲慢な論理にすぎない。しかし当時は、きちんとした論理が通っていたので、みながそれに靡《なび》いたのです。帝国主義が「本当にいけないこと」として認知されたのは、第二次世界大戦が終わってからに過ぎません。

それでも往生際悪く、イギリスやフランスは第二次大戦後もしばらく、何とか植民地を維持しようと無駄な努力を重ねました。

共産主義も実力主義も論理の産物

共産主義だって、「美しい論理が通っている」という点においては、植民地主義や帝国主義と同じです。

すべての生産手段をすべての人が共有する。それによって生まれた生産物もみなで共有する。そうして貧富の差のない平等な、公平な、幸せな社会が出来る。美し過ぎて目眩《めま》いをおこしそうな論理です。

しかし現実には、ソ連が七十四年間の実験で証明してくれたように、大失敗に帰しました。これを「ソ連の失敗であって共産主義の失敗ではない」と強弁するのは誤りです。共産主義という美しく立派な論理それ自身が、人類という種に適していないのです。

現在世界を覆いつつある「競争社会」とか「実力主義」も同じようなものです。もちろん競争社会や実力主義は、組織の繁栄には良いかも知れません。いかなる組織でも、構成員に激しい競争をさせ、無能な者からどんどんクビにして、有能な者のみを残し、新しい有能な者を採り続けるのが一番いいに決まっています。論理的に筋が通っています。

しかし、その論理が社会全体を覆いつつあるのを見ると、「ちょっと待て。それは誤りだ」と大声で言いたい衝動に駆られます。

徹底した実力主義も間違い

実力主義を本当に徹底し始めたらどうなるでしょうか。例えば同僚は全員ライバルになります。ベテランは新入りにノウハウを絶対に教えなくなる。教えたら最後、自分が追い落とされてしまいます。したがって、いつも敵に囲まれているという非常に不安定な、穏やかな心では生きていけない社会になってしまうのです。

世界中の人々が賛成しようと、私は徹底した実力主義には反対です。終身雇用や年功序列を基本とした社会システムを支持します。

もちろん年功序列だけでは問題でしょう。非常に優秀な人は、何階級特進というような制度はあって当然と思います。給与その他で特別待遇があってもよい。実際に、日本でもそうした仕組みは昔からあったのです。しかし基本は、年功序列とか終身雇用のような、実力主義ではないものにすべきです。そうしたシステムがベースになっていると、社会全体が穏やかで安定したものになっていきます。安定した社会は国の底力でもあります。実際、日本はそうやって世界第二の経済大国を作りました。

実力主義に反対する人は世界中にほとんどいない。カッコ悪いからです。「お前に実力がないから言ってるんだろ」と思われるのがオチなので、誰も反対しない。

逆に「実力主義を導入すべきだ」と言ったらカッコ良い。自分は凄く実力があるのにみなが正当に評価してくれない、というような意味を言外に匂わせているのですから。したがって競争社会とか実力主義というのは、野放しにすると必要以上に浸透していきます。究極の競争社会、実力主義社会はケダモノの社会です。

「資本主義の勝利」も幻想

弱肉強食に徹すれば、組織は確かに強くなるでしょう。しかし、いま申しました通り、社会は非常に安定性を失う。

アメリカが良い例です。アメリカの人口あたりの弁護士の数は、日本の二十倍です。また、精神カウンセラーの数が五十倍とか六十倍とか言われております。競争社会を徹底すると、そういう人々を大量に必要とする社会になるということです。

「共産主義が滅び資本主義が勝利した」と思っている人が多いようですが、現行の資本主義でさえ欠陥だらけの主義と、私は思っています。共産主義が机上の空論だったから、勝利してしまっただけです。

資本主義にも見事な論理が通っています。資本主義的個人は、それぞれが私利私欲に従い、利潤を最大化するように努める。すると、それが「神の見えざる手」に導かれて、全体の調和がとれ、社会全体が豊かになる。

最近では一歩進んで「市場原理主義」になりました。何でも市場に任せれば一番効率的であり、国家の介入は出来るだけ少ない方がよい。少しオーバーに言うと、経済に限定すれば国家はいらない。国家は外交、軍事、治安などを行うだけでよいということです。

市場原理主義の前提は、「まずは公平に戦いましょう」です。公平に戦って、勝った者が利益を全部とる。英語で言うと「ウィナー・テイクス・オール」というものです。公平に戦った結果だから全然悪いことはない。勝者が全部取って構わない。こういう論理です。

しかしこの論理は、後ほど詳しく述べる「武士道精神」によれば「卑怯」に抵触します。大きい者が小さい者と戦いやっつけることは卑怯である。強い者が弱い者をやっつけることは卑怯である。武士道精神はそう教えています。

しかし、市場原理主義ではそんなことに頓着《とんちゃく》しません。一本道のような論理で、全体を通してしまいます。

会社は株主のもの？

市場原理から生まれた株主中心主義だって同じことです。

「会社は株主のもの」という論理は、私には恐るべきものに思えます。会社は、言うまでもなくそこで働く従業員のもので、株主は多くの関係者の一つくらいの存在でしかない。株主によっては一週間とか一ヶ月とか一年とかいう短期間で株を売り買いします。ほとんどの株主は値上がりによるキャピタルゲインを狙っているのであり、その会社には何の愛情も持たない人々です。一方、多くの日本企業の従業員はそこで長く働きますから、いつも会社のことを考えて一生懸命やっています。「会社は株主のもの」は恐ろしい論理なのです。

経済理論としてこの主義に論理が通っていることは認めます。しかしそれはよい経済理論ではないと思います。論理的に正しいことと善悪は別次元のことです。少なくともこの主義が社会を不安定にすることは明らかと思います。

私は「武士道精神こそ世界を救う」と考えていますので、株主主権をやたらに言い立てる人には、「下品」で「卑怯」という印象を禁じ得ません。「法に触れないなら何をやってもいい」と、財力にまかせてメディア買収を試みた人がいますが、日本人の過半数が彼を喝采しているのを見て、何とも絶望的な気分に襲われました。

デリバティブの恐怖

このように市場経済が進んだ結果、日本でも貧富の差が大きくなりました。行く行くは現在のアメリカのように、上位一%の人が国富の半分近くを占有するようになるかも知れません。

もちろん、日本は共産主義ではありませんから、貧富の差があっても構わない。しかし、あまりにもひどい格差は、社会的な不公正とほとんど一緒です。

私が「資本主義も非常に危ない段階に来ている」と考える理由の一つは、市場原理の申し子とも言える金融派生商品、いわゆる「デリバティブ」と呼ばれるものの存在です。デリバティブはもともとリスクヘッジ、すなわち商品価格や金利や為替など、先行きが不透明なものに対するリスクを回避するためのものでした。しかし最近では、これが投機目的でもよく用いられるようになりました。

例えば、Aさんは現在千円のB社の株が三ヶ月後には値上がりすると思っているとします。Aさんは三百万円しか現金を持っていませんが、デリバティブを用いると、その三百万円を証拠金として差し出すだけで、三ヶ月後にB社の株を現在と同じ千円で十万株買う権利を買うことができます。たった三百万円の証拠金で一億円の株を買う権利を買ったのです。

もし思惑通り株価が上がり、千五百円になったとします。すると、Aさんは時価一億五千万円の株を一億円で買えるのですから、五千万円引く三百万円も儲かるのです。値下がりした場合、Aさんは権利を行使しなければよく、証拠金の三百万円を損するだけですみます。

一方、AさんがB社の株価は下がると考えたとします。Aさんはさっきと同じく三百万円の証拠金で三ヶ月後に現在値と同じ千円で十万株（総計一億円）を買う権利を売る、ことができます。ところが売り方は、三百万円の証拠金をもらう代わりに、当然ながら逃げ出せないことになっています。思惑通り値下がりすれば、買い方は権利を放棄しますから、Aさんは三百万円のもらい得となります。ところが逆に千円の株価が千五百円に値上がりすると、さっきの裏返しで、時価一億五千万円で株を調達しそれを約束の一億円で売らねばならないのですから、五千万円引く三百万円の損害となります。

これですまない場合もあります。千円の株価が五千円になれば、損害は四億円引く三百万円となるからです。

大企業も次々と破綻

デリバティブには、たったの三百万円の元手で億単位の損得が生ずる可能性があるのです。これは「レバレッジ（てこ）効果」と呼ばれます。このおかげで一九九五年にはイギリスの名門銀行ベアリングズが、二十八歳のトレーダーによるデリバティブの大損で倒産しました。彼は二兆円の相場を張り、七千億円の損失を出した、と言われます。

一九九八年にはLTCM、二〇〇一年にはエンロンという、アメリカで超優良とされていた会社が、デリバティブにより立て続けに破綻しました。エンロンの場合、その年の夏には「最優良」と格付けされていたのに、十二月に倒産した時には五兆円の負債を抱えていました。当時の経営幹部がデリバティブにより致命的な大損害を出したのです。

デリバティブは、権利を売買しても損得は発生していないので、貸借対照表には記載されません。従って、大企業が突然破産してしまうということがありうるのです。アメリカの金融機関がデリバティブでいかに日本企業をカモにしたかは、そのひとつであるモルガン・スタンレーで活躍したF・パートノイの『大破局（フィアスコ）』（徳間文庫）に詳しく描かれています。

新聞等ではなぜかあまり騒がれておりませんが、このデリバティブの残高が、国際決済銀行の発表によると二〇〇四年時点で一兆円の二万五千倍と言われています。二万五千兆円ですね。わずか三年前の残高の二・二倍です。ここ十年では二十五倍という恐るべき急増です。多分、京《きょう》だか京《けい》だか知りませんが、二京五千兆とでも言うのでしょう。

私も数学者ですが、たいていは「十の何乗」と書いてすませるので、あまり大きな単位は知らないんです。

しかし、数学者ですら呼び方が分からないような単位にまで金融商品の残高が膨れあがっているということは、あきらかに「異常」です。世界中の国家のＧＤＰ（国内総生産）を足し合わせた額の何十倍にもなっているはずです。実体経済とはかけ離れたマネーゲームとなっているのです。

いまや時限核爆弾に

もちろん、これらすべてが投機的なものではありません。しかし、リスク率を四％と仮定しても、一千兆円です。銀行やヘッジファンドはデリバティブの主役ですから、大規模デリバティブが一つでも破綻すると、その瞬間に資金の流れは止まり、連鎖的に決済不能に陥ります。一千兆円という数字は、銀行のリスク許容能力である自己資金の総額の数倍にも達しているのです。

デリバティブは、確率微分方程式というかなり高級な数学を用いた経済理論にのっとっています。論理の権化《ごんげ》とさえ言えるものです。それが現状では最大級の時限核爆弾のようなものとなり、いつ世界経済をメチャクチャにするのか、息をひそめて見守らねばならないものになっています。しかもなぜか、これに強力な規制を入れることも出来ない。そもそもマスコミはこれに触れることすら遠慮している。このように、資本主義が資本主義の論理を追求していった果てに、資本主義自身が潰《つぶ》れかねないような状況に、だんだんなってきているのです。それに付随する形で、物質主義、金銭至上主義が世界中を覆い尽くしている。

もう一度言っておきましょう。「論理を徹底すれば問題が解決出来る」という考え方は誤りです。論理を徹底したことが、今日のさまざまな破綻を生んでしまったとも言えるのです。なぜなら「論理」それ自体に内在する問題があり、これは永久に乗り越えられないからです。

なぜ論理を徹底しても人間社会の問題は解決できないのか。次章では、その理由を説明いたします。

第二章　「論理」だけでは世界が破綻する

四つの理由

どんな論理であれ、論理的に正しいからといってそれを徹底していくと、人間社会はほぼ必然的に破綻に至ります。言うまでもなく、論理は重要です。しかし、論理だけではダメなのです。どの論理が正しくて、どの論理が間違っているかということでもありません。これは、日常用いられるすべての論理に共通した性質です。

これからそれを証明したいと思います。理由は四つあります。

①論理の限界

まず第一は、人間の論理や理性には限界があるということです。すなわち、論理を通してみても、それが本質をついているかどうか判定できないということです。

私がアメリカで教えていた当時、アメリカの大学生たちはろくな英語を書けませんでした。宿題の添削をしていると、あまりにも英語がひどいので、数学そっちのけで英語のチェックをしていたくらいです。professor の「f」を二つダブらせるといった単純なスペルミスならまだいい方で、主語が三人称単数で現在形なのに動詞に「s」をつけなかったり、そもそも主語がなかったりと、とにかくめちゃくちゃでした。

その後、「ポテト」の綴りを間違えて笑われた副大統領が出ましたが、私は驚きませんでした。懐かしく思いました。

なぜそんなに英語が出来ないのか学生に尋ねてみると、「英語の時間にタイプを習っていた」と言いました。なぜ英語、つまり彼らにとっての国語の時間にタイプを教えていたのでしょうか。当局の言い分はきっとこうです。「アメリカの国民は、高校なり大学なりを卒業して社会に出たら、必ずタイプを打つ。したがって、そのタイプを英語の時間に教えることは有用である」。

かくしてアメリカの多くの高校では、国語の単位に代えてタイプの単位を取ってもよいことになりました。その結果、思惑通りにタイプは打てるようになりましたが、打つべき英語の方が崩壊してしまいました。

一九七〇年代の後半になると、海軍の新兵さんの二五%が武器の取扱書を読めなくなってしまいました。さすがにアメリカ政府もあせって、「これではソ連に負けてしまう」と危機感を持ち、一九八三年に『A Nation at Risk』という本を出して、もっと基礎・基本の教育をきっちりやろうという流れに変わりました。この本は『危機に立つ国家』というタイトルで邦訳も出ています。

アメリカ人のすべてが社会に出たらタイプを打つ。だから、タイプは出来なければいけない。ならば学校で教え、みながタイプを打てるようにしよう。これは正しい論理です。正しい論理を追求していって、惨憺《さんたん》たる結果を招いたわけです。

小学生に株式投資？

アメリカのエリートは、アメリカ人の英語を潰すためにこんなことを思いついたのではありません。一生懸命に考えて考えて、その果てにたどり着いた結果がこの程度だった。

愚行は繰り返されます。いま、アメリカの小中学校約二万校で、株式投資を教えているそうです。株式投資と言っても、本当に株を買うわけではありません。例えば今日、ソニーの株を三千株買うと仮定する。何度か売り買いをして、三ヶ月後なら三ヶ月後と決めて、その間のパフォーマンスを競うわけです。そういうことを小学生、中学生がやっている。

アメリカの教育学者たちは、それを自画自賛しています。「小学生たちが新聞の経済欄に目を通すようになった」。それだけではない。「株価欄にまで目を通すようになった」「社会に目が開かれた」と言います。

英語にどういう表現があるのかは知りませんが、日本語ではこういう場合になんと言うかははっきりしています。「付ける薬がない」です。

小学生が新聞の経済欄なんかに目を通す必要はありません。ましてや株価欄に目を通す必要などまったくない。もっとはっきり言うと、社会に目を開く必要すらない。

そんな暇があったら漢字を、国語をきちんと学び、足し算、引き算、掛け算、割り算、分数、小数をきちんと学ぶことです。この方が圧倒的に重要であって、経済や社会のことを考える必要などありません。

株式教育も、アメリカのエリートが一生懸命考えてたどり着いた結論です。日本でもこれを真似しようとしているところがあります。中学生に銀行の仕組みとか債券の仕組みを教えようとしています。これも文部科学省や経済産業省、あるいは初等中等教育に真剣な懸念を抱く教育意識の高い人たちが、一生懸命に考えてたどり着いた結果です。

小学生に英語？

アメリカの悪口を随分言いましたが、日本だって似たようなものです。例えば二〇〇二年から始まった「決定版ゆとり教育」によって、現在、全国の九割以上の小学校で英語が教えられています。私に言わせれば、小学校から英語を教えることは、日本を滅ぼす最も確実な方法です。

公立小学校で英語など教え始めたら、日本から国際人がいなくなります。英語というのは話すための手段に過ぎません。国際的に通用する人間になるには、まずは国語を徹底的に固めなければダメです。表現する手段よりも表現する内容を整える方がずっと重要なのです。英語はたどたどしくても、なまっていてもよい。内容がすべてなのです。そして内容を豊富にするには、きちんと国語を勉強すること、とりわけ本を読むことが不可欠なのです。

私にも苦い経験があります。ケンブリッジ大学で研究生活を送っていた時のことです。数学のノーベル賞と言われるフィールズ賞を取ったある大教授と会って、自己紹介をしました。すると、挨拶《あいさつ》もそこそこに、その大教授はこう訊いてきました。

「夏目漱石の『こころ』の中の先生の自殺と、三島由紀夫の自殺とは何か関係があるのか」

私はもちろん、『こころ』も三島の主要な作品も読んでいましたが、こんな質問にいきなり答えられるだけの用意はありません。しかもそれを英語で説明しなければならない。武士道か何かを持ち出して、「死の美学」について乏しい知識を動員して、何とかごまかしたのですが、彼が納得したかどうか自信はありません。

トップ・エリートの会話のネタ

世界のトップ・エリートというのは、そういうことをいきなり訊いてくるのです。イギリスの歴史やシェイクスピアについては決して訊いてこない。日本の文学や歴史についての、非常に具体的な質問をぶつけてくる。だから、日本人としての教養をきちんと身につけていないと、会話がはずまない。

日本のある商社マンからこんな話を聞きました。ロンドン駐在の商社マンが、あるお得意さんの家に夕食に呼ばれた。そこでいきなり、こう訊かれたそうです。

「縄文式土器と弥生式土器はどう違うんだ」

唖然としていると、

「元寇《げんこう》というのは二度あった。最初のと後のとでは、何がどう違ったんだ?」

そう訊かれたそうです。その人が言うには、イギリス人には人を試すという陰険なところがあって、こういう質問に答えられないと、もう次から呼んでくれないそうです。

「この人は文化の分からないつまらない人だ」となる。すると商談も進まなくなってしまうらしい。

英語よりも、中身を

今の七十歳以上の日本人で、英語をうまく話せる人はあまり多くない。海外へ行った彼らの多くは仕方なく、にこやかに微笑んでいました。だから欧米の人たちは、「日本人は何か胸の底に深い物を持っているらしい」と思ってくれました。

ところが最近の若い人たちは、内容は何もないのに英語はペラペラしゃべるから、日本人の中身が空っぽであることがすっかりバレてしまいました。内容がないのに英語だけは上手《うま》いという人間は、日本のイメージを傷つけ、深い内容を持ちながら英語は話せないという大勢の日本人を、無邪気ながら冒瀆《ぼうとく》しているのです。「内容ナシ英語ペラペラ」は海外では黙っていて欲しいくらいです。

初等教育で、英語についやす時間はありません。とにかく国語です。一生懸命本を読ませ、日本の歴史や伝統文化を教え込む。活字文化を復活させ、読書文化を復活させる。それにより内容を作る。遠回りでも、これが国際人をつくるための最もよい方法です。

受けるのはワンステップの論理だけ

国民に受けるのは、「国際化だから英語」といった、いちばん分かり易いワンステップの論理だけです。ある大新聞の世論調査によると、小学校で英語を教えることを、八六%の国民が支持しているといいます。こうやって国民が国を滅ぼしていくのです。

中央教育審議会も文部科学省も教育学者も、いい加減に考えているわけではない。一生懸命、何度も何度も討議して、誠心誠意考え抜き、その末に小学校での英語などという馬鹿げた結論にたどり着いたのです。

審議会なんかに出てくる人たちは、ある意味で日本の知性を代表するような人たちでしょう。本当にそうであるかどうかはともかく。その人たちが、「国際化に対応するにはどうしたらよいか」ということを、論理的に考えた結果がこれです。

こんな例を出さなくても、人間が戦争を繰り返していることを見れば論理の限界なんて明らかでしょう。古今東西あらゆる時代のあらゆる場所で戦争をして、すべての人が「こんなバカバカしいことはない」と涙ながらに反省して、そしてまた戦争を繰り返してきました。どの戦争にも当事者双方に論理がありました。戦争が紛争解決の最善の手段であるかどうかは、いつも的確には判定できなかったのです。

論理的に得られた結論は盤石ではないのです。いったん論理が通るやホッとして、往々にして他のもっと大切なものを忘れたり、他の解決法に目がいかなくなったりするのです。論理は魔物と言えるでしょう。

②最も重要なことは論理で説明できない

論理だけでは破綻する第二の理由は、人間にとって最も重要なことの多くが、論理的に説明できないということです。

もし、人間にとって最も重要なことが、すべて論理で説明できるならば、論理だけを教えていれば事足りそうです。ところがそうではない。論理的には説明出来ないけれども、非常に重要なことというのが山ほどあります。

別の言葉で言うと、「論理は世界をカバーしない」ということです。数学のように論理だけで構築されているような分野でも、論理ですべてに決着をつけることは出来ないのです。

この事実は数学的にも証明されています。一九三一年にオーストリアの数学者クルト・ゲーデルが「不完全性定理」というものを証明しました。

不完全性定理というのは、大ざっぱに言うと、どんなに立派な公理系があっても、その中に、正しいか正しくないかを論理的に判定出来ない命題が存在する、ということです。正しいか誤りかを論理的に判定出来ないことが、完全無欠と思われていた数学においてさえある、ということをゲーデルは証明したのです。

この不完全性定理が証明されるまで、古今東西の数学者は、こと数学に限れば、どんな命題でも正しいか誤りかのどちらか一つであり、どちらであるかいつかは判定できる、と信じ切っていた。ところがゲーデルはその前提を覆したのです。人間の頭が悪いから判定出来ないのではない。論理に頼っていては永久に判定出来ない、ということがある。それを証明してしまったのです。

人殺しは悪いこと？

不完全性定理は数学にとどまらず、哲学などにも大きなインパクトを与えました。アリストテレスの時代から、数学においても哲学においても「A」または「ノットA」というふうに決まっていた。一＋一は二か、そうでないかに決まっている。三角形の内角の和は百八十度か、そうでないかに決まっている、と。そしてどちらが正しいか今は決められなくとも、いつかは必ず論理的に決めることができる、と信じていた。ところが「どちらとも永遠に決められないものがある」ということが、数学的に証明されてしまったのです。

数学の世界でさえも、論理では説明できないことがある。まして一般の世界では、論理で説明できないことの方が普通です。

例えば、「人を殺してはいけない」ということだって、論理では説明出来ません。十年ほど前にこんなことがありました。日教組の教研集会で、傍聴していた高校生が会の最後の方になって、「先生、なんで人を殺しちゃいけないんですか」と質問した。そこにいた先生たちは、誰一人それを論理的に説明出来なかった。びっくりした文部省が、「人を殺してはいけない論理的理由をパンフレットに作成中」と新聞に書いてありました。読んで笑ってしまいました。

人を殺していけない論理的理由なんて何ひとつない。私に一時間くれれば、人を殺しても良い理由を五十ぐらいは発見出来ます。人を殺してはいけない理由も同じくらい見つけられます。論理的というだけなら、良い理由も悪い理由もいくらでもある。

人を殺していけないのは、「駄目だから駄目」ということに尽きます。「以上、終わり」です。論理ではありません。このように、もっとも明らかのように見えることですら、論理的には説明出来ないのです。

会津藩の教え

江戸時代、会津藩に日新館という藩校がありました。白虎隊も教えを受けていた藩校なのですが、ここに入る前の子弟に対して「什《じゅう》の掟《おきて》」というのがありました。

そこにはこう書いてあります。

一つ、年長者の言うことに背いてはなりませぬ
二つ、年長者にはお辞儀をしなければなりませぬ

三つ、虚言を言うことはなりませぬ
四つ、卑怯な振る舞いをしてはなりませぬ
五つ、弱いものをいじめてはなりませぬ
六つ、戸外で物を食べてはなりませぬ
七つ、戸外で婦人と言葉を交えてはなりませぬ

武士道精神に深く帰依《きえ》している私には非常に納得できるものです。七つ目を除いて。そして、これら七カ条の後は、こんな文句で結ばれます。

ならぬことはならぬものです

要するにこれは「問答無用」「いけないことはいけない」と言っている。これが最も重要です。すべてを論理で説明しようとすることは出来ない。だからこそ、「ならぬことはならぬものです」と、価値観を押しつけたのです。

重要なことは押しつけよ

本当に重要なことは、親や先生が幼いうちから押しつけないといけません。たいていの場合、説明など不要です。頭ごなしに押しつけてよい。もちろん子供は、反発したり、後になって別の新しい価値観を見出すかも知れません。それはそれでよい。初めに何かの基準を与えないと、子供としては動きがとれないのです。

野に咲くスミレが美しいということは論理では説明できない。モーツアルトが美しいということも論理では説明できない。しかし、それは現実に美しい。卑怯がいけない、ということすら論理では説明できない。要するに、重要なことの多くが、論理では説明出来ません。

戦後の我が国の学校では、論理的に説明できることだけを教えるようになりました。戦前、「天皇は現人神《あらひとがみ》」とか「鬼畜米英」とか、非論理的なことを教えすぎた反省からです。しかし反省しすぎた結果、もっとも大切なことがすっぽり欠落してしまったのです。

論理ですべてを貫くというのは欧米の思想です。論理で説明できない部分をしっかり教える、というのが日本の国柄であり、またそこに我が国民の高い道徳の源泉があったのです。

③論理には出発点が必要

論理が破綻する三番目の理由は、「論理には出発点が必要」ということです。

論理というものを単純化して考えてみます。まずAがあって、AならばB、BならばC、CならばD……という形で、最終的に「Z」という結論にたどり着く。出発点がAで結論がZ。そして「Aならば」という場合の「ならば」が論理です。このようなAからZまでの論理の鎖を通って、出発点Aから結論Zに行く。

ところがこの出発点Aを考えてみると、AからはBに向かって論理という矢印が出ていますが、Aに向かってくる矢印は一つもありません。出発点だから当たり前です。すなわち、このAは、論理的帰結ではなく常に仮説なのです。そして、この仮説を選ぶのは論理ではなく、主にそれを選ぶ人の情緒なのです。宗教的情緒をも含めた広い意味の情緒です。

情緒とは、論理以前のその人の総合力と言えます。その人がどういう親に育てられたか、どのような先生や友達に出会って来たか、どのような小説や詩歌を読んで涙を流したか、どのような恋愛、失恋、片想いを経験してきたか。どのような悲しい別れに出会ってきたか。こういう諸々のことがすべてあわさって、その人の情緒力を形成し、論理の出発点Aを選ばせているわけです。

出発点を決めるうえで、宗教や慣習からくる形や伝統も無視できません。たとえば武士道精神には、それを体現するいろいろな形があります。惻隠《そくいん》の情とか、卑怯を憎む心とか、名誉や誠実や正義を重んじる心だとか、精神の形がいろいろあります。

キリスト教やイスラム教にも、それぞれに固有の形がある。そうした文化に由来する形から論理の出発点が決められる場合もある。いずれにせよ、論理の出発点を選ぶのは論理ではなく、情緒や形なのです。

パン泥棒にどう向き合うか

わかりやすい例を一つあげてみましょう。ここに一週間何も食べてない男がいるとします。この男が街に出て角のパン屋さんの前に来た時、思わずパンを奪って食べて逃げてしまった。

ある人はこの光景を目撃してこう思う。「日本は法治国家である。法治国家においては、法律を遵守《じゅんしゅ》しなければいけない。他人の物を黙って盗るということは、窃盗罪に値する。したがって法律に則り処罰されなければいけない。そのために警察に突き出そう」。

勇敢な彼、ないし彼女は、走って逃げていく男を追いかけて捕まえたり、あるいは一一〇番を回して警察に連絡したりする。

ところが別の人は同じ光景を見ていてこう思う。「ああ、可哀想。確かにこの男は人の物を盗んだ。しかしこの男は、今このパンを食べないと死んでしまったかも知れない。人間の命は一片の法律よりも重い場合もある。だから今は見て見ぬフリをして通り過ぎよう」。

どちらも論理は通っています。最初の人は「日本は法治国家である」が出発点で、結論は「警察に突き出す」。もう一方の人は出発点は「ああ、可哀想」で、結論は「見て見ぬフリをして通り過ぎる」。両方ともに論理はきちんと通っているのですが、出発点Aが異なったが故《ゆえ》に、結論が異なってしまったということです。

すなわち、論理は重要であるけれども、出発点を選ぶということはそれ以上に決定的なのです。

最悪は「情緒力がなくて論理的な人」

一番困るのは、情緒に欠けて、論理的思考能力はばっちり、というタイプの人です。

ここに非常に頭の良い男がいるとします。東大の法学部を一番で出たとします。当然ながら、論理的思考は得意中の得意です。しかし、東大に入るまでに情緒力はあまり試されないから、こちらはあまり発達していないと仮定します。

仮に彼が出発点Aを誤って選んだとする。もちろん後の論理は絶対に間違えない。すると、後の論理が正しければ正しいほど、結論は絶対的な誤りになります。

あまり頭が良くない人なら、途中で論理が二転、三転して、最後には正しい結論に戻ったりもしますが、下手に頭が良いとそのまま行ってしまう。頭はよいのに出発点Aを選ぶ情緒力の育っていない人というのが、非常に怖いのです。現実には、こういう人が非常に多い。

このような情緒力とか、あるいは形というものを身体に刷り込んでいない人が駆使する論理は、ほとんど常に自己正当化に過ぎません。世の中に流布する論理のほとんどが、私には自己正当化に見えて仕方ありません。

数学の世界では、出発点はいつも、何らかの公理系です。公理というのは万国共通です。東西で寸分の違いもない。世界中のみなが同じ出発点を使っています。したがって何の心配もなく、論理的に突き進むことが出来る。

しかし現実の世の中に、公理系というものは存在しません。各人がみな違う公理系を持っているようなものです。受けた教育、家族関係、住んだ地域、育った環境、年齢、性別、何から何まで違うので、公理系は十人十色です。数学のようにはいかない。

逆に言えば、数学をいくら勉強したところで、現実において適切な振る舞いが出来るとは限りません。メチャクチャなことを言う数学者はたくさんおります。

「お前が一番そうじゃないか」との声が多方面から聞こえてきそうな気もしますが。

④論理は長くなりえない

論理だけでは破綻する四番目の理由は、「論理は長くなりえない」ということです。

数学の場合、少し難しい定理になると、公理からスタートした論理の積み重ねがおそらく百万ステップとかいう数字になると思います。「AならばB、BならばC」というのが、百万回も続いていきます。

数学はそれでまったくOKです。なぜそんなに長い論理でもOKかと言うと、数学の場合、「AならばB」と言った時には、「完全に正しい」か「完全にウソ」の二種類しかないからです。真っ白か真っ黒。完全に正しい場合を数学的には、「確率1で正しい」と言います。まったく嘘の場合は、「確率0で正しい」。

確率というのは、0から1までの数字です。絶対的に正しい時は1で、絶対的な嘘が0。半分正しい時には、「確率0・5で正しい」となります。

ところが、数学の証明において使われる論理というのは、各ステップとも全部「1」です。AからBも1、BからCも1、CからDも1。ここで大切なのは、AからZまでの論理系としての信憑性《しんぴょうせい》は、各ステップでの確率を全部かけ合わせたものにより計られるということです。

そうすると、数学の場合は各ステップが全部1ですから、百万回かけてもその積は1のままです。ところが恐ろしいことに、どこか一箇所にでも間違いがあると、数学ではそこが0になってしまう。そうすると、仮に1が99999個あっても、途中に0が一箇所あっただけで全部をかけ合わせると0になり、ゴミ屑《くず》と同じになってしまいます。数学とはそういう世界です。通常はすべてのステップが1だから、論理はいくらでも長くなり得る。

世の中には「1」も「0」も存在しない

ところが一般の世の中の論理には、1と0は存在しません。絶対的に正しいことは存在しないし、絶対的な間違いも存在しない。真っ黒も真っ白も存在しない。

例えば「人を殺してはいけない」というのも、完全に真っ白ではありません。そもそも死刑という制度があって、合法的殺人が認められている。あるいは戦争になれば、敵をなるべくいっぱい殺した者が、世界中どこでも英雄として称《たた》えられます。だから、人殺しはいけないというのは、真っ白ではなく、真っ白に限りなく近い灰色です。

通常は美徳とされる「正直」だって、常に美徳であるとは限らない。本当のことを言ってはいけない時、嘘をつかざるをえない時はいくらでもあります。

私の場合、とりわけ女房の前でそれが多い気がします。

風が吹けば桶屋は儲かるのか？

現実においては真っ白も真っ黒もなく、すべては灰色で、そこに濃淡があるだけです。

「風が吹けば桶屋が儲かる」という諺《ことわざ》がありますが、この場合はどうでしょうか。風が吹けば埃《ほこり》が立つ。埃が立つと目を患《わずら》う人が多くなる。すると目が見えない人が多くなる。目が見えなくなった人の中から三味線弾きが出る。三味線弾きが多くなると三味線の需要が増える。三味線の皮は猫のものなので猫の需要が増える。町から猫が少なくなる。

するとネズミが増える。増えたネズミは風呂桶をかじる。だから桶屋が儲かる……。ちゃんとした論理です。

しかし数学的に考えてみるとどうでしょうか。風が吹くと埃が舞い上がる。これが九〇%正しい、すなわち〇・九とする。ところがその次に、埃が目に入って目を患う確率は一〇%、すなわち〇・一くらい。その中から目が見えなくなる人となると、〇・〇一ぐらい。その次の三味線弾きになるとまた〇・〇〇一。各ステップを全部かけていくと、おそらく確率は一兆分の一以下になるでしょう。要するに、現実には風が吹いても桶屋は儲からない。

長い論理は危うい

このように一般の世の中では、長い論理というのは非常に危険なのです。すべてのステップは灰色だから、小数のかけ算を何度もすることとなり、信憑性はどんどん下がっていきます。一般に我々は、「これはこうでしょ、だからこうでしょ、だからこうでしょ」と論理を長々と展開する人を見ると、白けてしまったり、「なんかおかしいぞ」と感じたりします。長い論理というものを本能的に警戒しているからです。「長い論理は危うい」ということを、人々は本能的に分かっている。灰色に灰色を何度も重ね合わせているのが分かるから、聞いているうちに眉に唾をつけたり、胡散臭いと思ったりするのです。

長い論理は使えない。だから、現実において論理のリーチは極端に短い。ワンステップしかないような論理が幅を利かせている。

例えば、なぜ小学校で英語を教えるなどということになったのでしょうか。「国際人」がらみです。ここで国際人とは、海外でも人間として敬意を受けるような人間、ということにいたします。こんな論理です。「小学校で英語を教える→英語がうまく話せるようになる→国際人になる」。たったツーステップです。凄くわかりやすい。だから国民は大喝采で支持する。ところが最初のステップが正しい確率は〇・一以下です。アメリカ人でも国際人と呼べる人は十人に一人はいませんから、次のステップも〇・一以下です。かけると〇・〇一以下となり、信頼性のない論理となります。こんなに短いステップでも危険なのです。同じツーステップでも、「小中学校で国語を強化し読書を奨励する→人間の内容が充実する→国際人になる」の方がはるかに信頼性が高い。

しかし、論理というものは通っているとなぜか快感が得られるので、聞いたとたん、それに酔ってしまう。各ステップの信頼度を量的に考えようとはしない。たとえ英語の論理と国語の論理を両方聞いていても、共に論理的なので、どちらがよいのか論理的には選べない。実は、量的思考をするには、知識や情緒、そして大局観が必要になるのです。

なぜインドでソフト産業が栄えるか

「情報社会だからパソコンを教えましょう」というのも、まったく同じ単純な理屈です。小学校からパソコンなんかとたわむれていたら、パソコンを作れる人がいなくなってしまいます。

パソコンを作るには、論理的思考をきちんと整えないといけない。小学校できちんと算数をやって、中高でもしっかりと数学をやらないと、パソコンを設計したり、ソフトを書いたりする人間が日本にいなくなってしまいます。

最近インドのソフトウェア技術者が、世界中で注目を浴びていますが、彼らの存在は良い教訓です。いったい彼らの何人が、小学校でパソコンを触ったのでしょうか。インドというのは、彼らが育った頃の統計ですが、毎年五歳未満の子供が三百万人餓死するような国です。パソコンどころの騒ぎではありません。十年ほど前に私が訪れた時も、南インドの小学生は、ノートが買えないため、みな小さな石板を抱えて読み書きを習っていました。

そんな国で育った人たちが、なぜそんなに素晴らしいソフトウェア技術者になって、世界中で活躍しているのか。それはインドの小学校、中学校、高校の数学が素晴らしいからです。

例えば多くの州の小学校で、かけ算を「十九×十九」まで暗唱させている。日本は九九だけど、インドは十九×十九です。だからインドへ行くと、どんなに田舎のどんなにみすぼらしい店の従業員でも、つり銭を電光石火に計算し決して間違えない。こっちは「こんなみすぼらしい身なりしてて、大丈夫かな」などと内心思っているのですが、大丈夫です。ボロを着てても計算だけは絶対に間違えない。私よりはるかに速くて正確です。

中高で教えている数学も、日本よりも一、二年早い。そういう基礎基本をしっかりしているからこそ、優秀なソフトウェア技術者がたくさん出てくるわけであって、「パソコンを小学校から」などということとは何の関係もない。

短い論理は深みに達しない

論理は、長く進めて初めて深みに達するという性質を持っているのですが、先ほど申しましたように、日常の論理は長いと危険で、とても使い物になりません。

一方、短い論理というのは深みに達しない。従って、論理というものは本来、効用のほとんどないものです。なのに人間は論理が大好きで、論理は世にはびこっています。ほぼすべてワンステップかツーステップの論理です。

例えばいじめがあるとします。するとすぐに「みんな仲良く」などと言う。実に分かり易い。

しかし、少しでも社会生活を送った人間なら、「みんな仲良く」なんか出来るわけがないと分かっている。どんな組織だって嫌な奴だらけです。右を見ても左を見ても嫌な奴。そういう自分がいちばん嫌な奴。それが普通なのです。

最近では、いじめがあるからといって、学校にカウンセラーを置いたりする。論理的で分かりやすい。これはアメリカの方が先で、たくさんの学校にカウンセラーとかスクール・サイコロジストがいる。でもいじめは減らない。

「卑怯」を教えよ

いじめに対して何をすべきか。カウンセラーを置く、などという対症療法より、武士道精神にのっとって「卑怯」を教えないといけない。「いじめが多いからカウンセラーを置きましょう」という単純な論理にくらべ、「いじめが多いから卑怯を教えましょう」は論理的でないから、国民に受けません。

しかし、いじめを本当に減らしたいなら、「大勢で一人をやっつけることは文句なしに卑怯である」ということを、叩き込まないといけない。たとえ、いじめている側の子供たちが清く正しく美しくて、いじめられている側が性格のひん曲がった大嘘つきだったとしても、です。「そんな奴なら大勢で制裁していいじゃないか」というのは論理の話。「卑怯」というのはそういう論理を超越して、とにかく「駄目だから駄目だ」ということです。この世の中には、論理に乗らないが大切なことがある。それを徹底的に叩き込むしかありません。いじめをするような卑怯者は生きる価値すらない、ということをとことん叩き込むのです。

しかし、政府も官僚も「識者」と称する人たちも、戦後六十年もたち、「論理的に説明できることだけを教える」という教育を受けた人ばかりになってしまったのです。論理が通ることは脳に快いから、人々はこのようにすぐに理解できる論理、すなわちワンステップやツーステップの論理にとびついてしまう。従ってことの本質に達しない。いじめ問題なんか典型です。こみいった問題の解決を図ろうとしたら人間性に対する深い洞察が必要になる。

実はワンステップやツーステップの論理の跳梁《ちょうりょう》は我が国ばかりではありません。世界中がこれに冒《おか》されています。欧米の支配を支えてきた論理や合理ですが、実はそれらのほぼすべてがワンステップやツーステップで彩られているのです。

第三章　自由、平等、民主主義を疑う

欧米人の「論理の出発点」

前章で「論理だけでは人間社会の問題の解決は図れない」ことを、四つの理由に基づいて説明しました。

これは欧米人にはなかなか理解できないようです。産業革命以降の文明の発展はめざましく、その根底にはすべて論理や合理への信頼がありましたから。私に言わせれば、このあまりにめざましい文明の発展ゆえに、欧米人は論理とか近代的合理精神を過信してしまったのです。本来、科学技術の領域のみで有効な論理や合理を、広く人間社会にまで適用してしまったのです。これは一朝一夕に修正可能なものではありません。

先ほど「論理には出発点が必要である」と言いましたが、欧米が近代社会を構築する際の「論理の出発点」としたものの多くが、私にはどうもピンとこないのです。

「自由」という概念

その筆頭が「自由」という概念です。いま自由を否定する人は世界中にいないでしょう。私は「自由という言葉は不要」と思っています。控えめに言っても、「自由」は積極的に賞揚すべき概念ではありません。

日本の中世においては、自由というのはしばしば「身勝手」と同じ意味で使われていました。『徒然草』においても、そのように使われていたと記憶しております。

自由が著しく制限されていた戦中への反動から、また自由を国是とするアメリカによる占領統治もあり、戦後はことあるごとに「自由」が強調されてきました。憲法や教育基本法をはじめ、さまざまな法律にも、基本的な人間の権利として書かれております。しかし結局、自由の強調は「身勝手の助長」にしかつながらなかった、と言えるのではないでしょうか。

この「自由」という名の化け物のおかげで、日本古来の道徳や、日本人が長年のあいだ培ってきた伝統的な形というものが、傷つけられてしまいました。

人間にはそもそも自由がありません。それは当たり前のことです。生まれ落ちた瞬間から人間に自由はない。あんなに厚い六法全書があり、法律が網の目のように張り巡らされています。法律の他にも道徳とか倫理というものまであります。さらにどんな組織にも規則があり、そこでは協調が強いられています。我々の行動や言論は全面的に規制されているのです。

欧米が作り上げた「フィクション」

どうしても必要な自由は、権力を批判する自由だけです。それ以外の意味での自由は、この言葉もろとも廃棄してよい、廃棄した方が人類の幸福にとってよい、とさえ私には思えます。

権力を批判する自由さえ完全に確保されれば、他は制限されていい。そもそも、嫌な奴をぶん殴ったりする自由もないし、道端で立ち小便をする自由もない。私には諸般の事情から愛人と夢のような暮らしをする自由すらない。ほとんどの自由は廃棄するまでもなくあらかじめないか、著しく制限されているのです。欧米が作り上げた「フィクション」に過ぎません。

究極の自由とは、十七世紀英国の思想家トマス・ホッブズの言った自然権です。「各人が、自己生存のために何でもする自由」のことです。しかしこの自然権を認めたら「万人の万人に対する闘争」が始まり、無秩序と野蛮と混沌の世界となる。これを万人が放棄して、ある機関に委託する。この機関こそが国家である、というのがホッブズの社会契約論です。

すなわち国家とは、人民が自由を放棄した状態を言うのです。どんな自由もないというのは言い過ぎですが、次の世代のジョン・ロックのように「他人の自由と権利を侵害しない限り自由」という考えよりは、ホッブズの方が本質を衝いている。ロックの説が正しければ、援助交際もオーケーとなります。

大思想家ロックの無責任発言

ロックというのは、大物中の大物思想家です。特に一六八八年の名誉革命を擁護し、王権神授説を否定するために書かれた『統治二論』は、今日までの世界を規定するほどの影響力を持ちました。彼は労働により得たものに関する財産権や所有権をはじめて確定し、ホッブズとは違い、国家とは国民の自由で平等な契約によって作られる、と述べました。国民主権のことです。著書中に「人間は生まれながらにして完全な自由をもつ。人間はすべて平等であり、他の誰からも制約を受けない」とも記しました。

そして、個人は自由に快楽を追求してよい、全能の神が社会に調和をもたらしてくれるから、と述べました。何と無責任でデタラメな発言でしょう。ロックこそは、自由主義、功利主義、近代資本主義の祖と呼んでも過言ではない人です。

ロックがこんなことを言い出した背景には、十六世紀の宗教改革に始まったプロテスタンティズム、中でもカルヴァン主義があります。カルヴァン主義の最大の特徴は、カルヴァンが著書『キリスト教綱要』の中で展開した「予定説」です。救済されるかどうかは、神の意志によりあらかじめ決められている、という説です。救済とは、神の国で永遠の生命を与えられるということです。人間がどんな善行を重ねても、どんなに人格を磨いても、どんな高い地位についても、どんなに教会に寄進し祈りを捧げても、救済されるかどうかには無関係ということです。

教会の権威を否定しようとするあまり、ここまで行ってしまったのでしょうか。それにしても、どんなに極悪非道の者でも、救済されることになっている者は救済される、というのは私たちの理解を絶します。仏教の方では基本的に、善をなした人とか、念仏を一生懸命に唱えた人だけが救済されるという、理解しやすい因果律だからです。

カルヴァン主義と資本主義

カルヴァン主義はヨーロッパでも理解され難かったらしく、オランダ、フランス、イギリスなどでは、これを信ずるかどうかでプロテスタント間の大論争となり、教会の分裂などを引き起こしました。ルター派でさえ、こんな無慈悲な説を信じませんでした。悪行により救済されなくなったり、悔い改めや敬虔な信仰により新たに救済されることもある、と考えたからです。『失楽園』で有名なミルトンでさえ、「たとい地獄に堕《お》とされようと、私はこのような神を尊敬することはできない」と言いました。

ましてや、神による永遠の至福ということを、人生の目標のごとく考えていた宗教改革時代の一般人にとって、予定説は衝撃的です。救われない、と永遠の昔に定められていたら、神も教会も救ってくれないというのですから、人々は悲惨ともいえる孤独を味わうことになります。どうにかして「救いの確証」を得たいと望んでも、神の意志を知る方法はありません。詮索することすら不遜なのです。

そこで、「自分はあくまで救われる側に入っていると確信し、疑念がわいたらそれは悪魔の誘惑としてはねつける」ことになりました。そして、そんな自己確信を得るには、「神から義務として与えられている職業（天職）に励む」こととなります。神の作った秩序ある社会をうまく機能させることは、神の栄光を増すことになるから、救いの不安から逃れられ、自己確信につながる、という考えです。利益のチャンスがあったら、それは神が意図し給うたものだから、積極的にそのチャンスを生かさなければいけないのです。金儲けに倫理的栄光が与えられたのです。

ただし、禁欲的なカルヴァン主義では、儲けた金をぜいたくに使ってはいけません。その金を生産やサービスの効率を高めることに費やし、生産やサービスを向上させることが隣人愛なのです。それまで不浄だった金銭は、コペルニクス的転回によって「神聖なもの」となりました。カトリックやギリシャ正教では今でも、金銭はどちらかというと不浄なものです。こうして、市場経済を闊歩する、自己確信に満ちた、金銭至上主義者たちが誕生したのです。

ロックが「個人は快楽を追求してよい、全能の神が社会に調和をもたらしてくれるから」という重大発言をしたのは、まさにカルヴァン主義にある予定説の流れの中だったのです。ロックを「近代資本主義の祖」と言ったのは、所有権や財産権を確定したことだけではなく、この重大発言のためでもあります。

経済学の出発点となったアダム・スミスとその後継者たちは、「個人は利己的に利潤を追求すると、神の見えざる手に導かれて社会の繁栄が達成される」としましたが、これがロックの経済版であることは明らかです。

プロテスタンティズム、とりわけカルヴァン主義が資本主義を進めたとの見解は、マックス・ウェーバーが『プロテスタンティズムの倫理と資本主義の精神』で明らかにしたことです。確かに、カトリックのスペイン、フランス、イタリアなどよりプロテスタントのドイツ、イギリス、アメリカなどの方が繁栄しています。

ジェファーソンの偽善

自由と平等はアメリカ合衆国の独立宣言に再登場となりますが、こちらはほとんどコメントのしようもありません。「我々は次の事実を自明と信ずる。すべての人間は平等であり、神により生存、自由、そして幸福の追求など侵《おか》すべからざる権利を与えられている」と聞かされても、私は「三十二歳のヴァージニア州議会議員トマス・ジェファーソンはそう思ったんだな」と思うだけです。

自明と思うものにまで神を持ち出されたら、「それはジェファーソンの信仰でしょ」というしかありません。ちなみに自由と平等のチャンピオンとも言うべきジェファーソンは、後に第三代アメリカ大統領になりますが、アメリカ先住民を大々的に迫害し、黒人奴隷を百人以上も所有していました。最近、ジェファーソン家で働いていた奴隷の子孫がジェファーソンの子孫であるらしいことがＤＮＡ鑑定により判明し、一流科学雑誌にも発表されて話題を呼びました。

アメリカの独立宣言が、先に引用したロックの言葉の焼き直しであることは一目瞭然です。ロックの『統治二論』から一世紀近くを経た一七七六年という年は、アメリカ独立宣言とアダム・スミスの『国富論』という、ロックの亡霊が暴れまくった年だったのです。

ロックの言う自由や平等は、王権神授説を否定するピューリタンの考えに過ぎず、私から見ればほとんどが独断です。理論的根拠と言えるものがありません。だからこそジェファーソンは神を持ち出したのでしょう。

自由とか平等とかいう概念は、神なしには実態をうまく説明できないものです。慣習や公序良俗、情緒や形などを無視している点で致命的な欠陥を内包した、神がかりのフィクションとしか私には思えません。「人間の尊厳」とか「ヒューマニズム」とか「人権」とかの耳に甘く美しい言葉も、もとをたどればカルヴァン主義という信仰に過ぎない。別の言い方をすれば、ロックによるそのいかがわしい拡大解釈です。一見論理的と思われる自由とか平等なども、論理の出発点はかくもいい加減なものなのです。

民主主義は素晴らしいのか

民主主義だって同じことです。これにも立派な論理だけは通っています。世界中が封建主義の軛《くびき》、ないしは独裁者の暴政から逃れて、民主主義の体制を確立してきた。だから民主主義は素晴らしい、理想的なものと世界中の人々が思っております。もとをたどれば何に行きつこうと、よいものはよいではないか、という態度です。

民主主義の根幹はもちろん国民主権です。主権在民です。ロックが祖としても、最初に民主主義を実践したのはアメリカです。建国時からそうです。大革命後にアメリカを訪れたフランスのトクヴィルは、『アメリカの民主主義』の中で、主権在民に感心しています。けれどもほんとうにこれは素晴らしいことなんでしょうか。

主権在民には大前提があります。それは「国民が成熟した判断をすることができる」ということです。この場合には、民主主義は文句なしに最高の政治形態です。

国民が戦争を望む

しかし、国民というのは一体、成熟した判断が出来るものなのでしょうか。

例えば第一次大戦はなぜ起きたか。最初にオーストリア・ハンガリー帝国の皇太子フェルディナンドがサラエボでセルビア人に暗殺された。これに大衆が熱狂した。ブダペストでは「セルビアの豚に死を」と人々が叫び、ウィーンでは新聞が「強盗と人殺しのセルビア」と書いた。セルビア政府の関与を示すいかなる証拠もなかったのに、です。こうした世論に押されるように、暗殺事件の一ヶ月後、オーストリア・ハンガリー帝国は、「局地戦で収められる」との判断でセルビア政府に宣戦布告した。

ところがこれにロシアが怒り、それに対してドイツが怒り、露仏同盟によりフランスが、英仏同盟によりイギリスまでが参戦していった。各国で、志願兵たちが長蛇の列をなし、そういう人たちの「やっちゃえ、やっちゃえ」の声がどんどん高まっていった。反戦運動家は売国奴として暗殺されたりしました。どの国でも、日常の漠然とした不満を解消しようとするかの如く、国民の戦意の昂揚は留まる所を知らなかったのです。

サラエボ事件が起きた時点で、ヨーロッパの君主や首脳で、大戦争をしようと思っていた人は誰一人いなかった。主要国の間にはそもそも、領土問題もイデオロギー問題もほとんどなかった。ところが国民が大騒ぎした結果、外交でおさまりがつかなくなり、大戦争になってしまった。民主主義国家であるがゆえの主権在民により戦争が始まり、その結果、八百五十万人が犠牲となったのです。

民主国家がヒットラーを生んだ

第二次大戦だって同じです。ドイツがあっちこっちを侵略して、「全体主義国家だったから」なんて言われていますが、第一次大戦後、すなわちワイマール時代のドイツはきちんとした民主主義国家です。ワイマール憲法は主権在民、三権分立、議会制民主主義をうたった画期的なものでした。その民主的な選挙で一九三二年、ヒットラーのナチ党が第一党となったのです。

その後もドイツ国民は常にヒットラーを支持しました。ドイツは第一次大戦後のヴェルサイユ条約で、軍用機を持ってはいけないなど軍備は著しく制限されていましたが、それを破棄し強力な再軍備を始めるため、一九三三年に国際連盟を脱退しました。その際の国民投票では九五％の支持を得ました。一九三六年に非武装地帯のラインラントに進駐した時は九八％、一九三八年にオーストリアを併合した時は九九％が国民投票で支持したのです。

精神分析学者でナチスに追われアメリカに亡命したエーリッヒ・フロムは、『自由からの逃走』で、自由と民主主義の中からヒットラーが台頭した理由を心理学的にこう分析しています。「自由とは面倒なものである。始終あれこれ自分で考え、多くの選択肢の中から一つを選ぶという作業をしなければならないからである。これが嵩ずると次第に誰かに物事を決めてもらいたくなる。これが独裁者につながる」。ヒットラーは独走したというより、国民をうまく煽動《せんどう》して、その圧倒的支持のもとに行動したのです。民主主義、すなわち主権在民を見事に手玉にとった、希有《けう》の手品師でした。

日本も民主国家だった

日本も少なくとも、昭和十二（一九三七）年の日中戦争勃発までは民主主義国でした。普通選挙法は大正十四年（一九二五）に可決されています。アジアでは最初、イギリスより七年遅れただけです。反資本主義を掲げる社会大衆党は、昭和十一年と十二年の二つの総選挙を経て、それ以前の五議席から三十六議席にまで大躍進しているのです。この頃、民政党の斎藤隆夫は国会で反軍、反戦演説をしています。

日米戦の期間中は東条英機の独裁でしたが、それはルーズベルト大統領のアメリカも、チャーチル首相のイギリスも同じです。東条やヒットラーには任期がなかったがルーズベルトには任期があった、ということを本質的違いと指摘する人もいますが、形式的なことです。戦争に熱狂した国民は任期が来ても圧倒的に支持するに違いないからです。実際にルーズベルトは、大統領として史上例のない四選もされました。ヒットラーとほぼ同じく、一九三三年から一九四五年までアメリカを仕切ったのです。

満州事変から大東亜戦争にかけて、国民はもちろん、朝日新聞をはじめとする新聞も、ほとんどが軍国主義を支持しました。日中戦争時には、憤激した世論に押された国会が軍部をせっつき、強硬手段をとらせるなどということもありました。

戦後、連合国は第二次大戦を「民主主義対ファシズムの戦争」などと宣伝しましたが、それは単なる自己正当化であり、実際は民主主義国家対民主主義国家の戦争でした。どの国にも煽動する指導者がいて、熱狂する国民がいました。

民主主義や主権在民は平和を保証するものではありません。民主国家で戦争を起こす主役は、たいてい国民なのです。過去の話ではありません。イラク戦争を支持したアメリカ人は開戦時に七六％でした。戦況が悪化した二年半後は三九％とほぼ半分です。国民の総意とは、この程度のものなのです。

マスコミが第一権力に

現在のアメリカや日本は、いずれも主権在民の民主国家です。国民が政治を決定する。それは無条件に良いことなのでしょうか。

民主主義の本質は主権在民ですが、主権在民とは「世論がすべて」ということです。そして、国民の判断材料はほぼマスコミだけですから、事実上、世論とはマスコミです。言い方を変えると、日本やアメリカにおいては、マスコミが第一権力になっているということです。

ロックやモンテスキューの言い始めた「三権分立」は、近代民主制の基本となっていますが、現実にはこの立法・行政・司法の三権すら、今では第一権力となったマスコミの下にある。民主主義がそんな事態に陥ることは、誰も想像していなかったのではないでしょうか。

政治においては「ポピュリズム」ということがよく言われますが、民主主義国家でこれだけマスコミが発達すれば、行政がポピュリズムに流れるのはほぼ必然でしょう。立法も同じです。立法を担っているのは政治家で、その政治家を選ぶのは国民なのですから。

国策捜査

肝心要の司法でさえ例外ではありません。裁判所は国民の気持ちを横目で睨《にら》みながら判決を出しているとしか思えません。

いま世界中の人々がかかっている悪疫《あくえき》があります。英語で「ポリティカリー・コレクト（政治的に正しい）」と言われるもので、実は「弱者こそ正義」という考え方です。弱者とは通常、女性、子供、高齢者、障害者、マイノリティなどを意味します。このあまりに素朴な哲学は、現代人の偽善を触媒《しょくばい》にして、ここ十数年間で世界に広がりました。だからO・J・シンプソンやマイケル・ジャクソンが無罪になるという、誰もが首を傾げるような判決が出ました。

日本では、日亜化学工業の元社員が「青色発光ダイオードは自分が発明した」にもかかわらず、「それに見合った報酬を受けていない」として会社を訴えました。一審の東京地裁は、法外な二百億円もの支払い命令を出しました。企業は強者だから悪、一研究者は弱者だから善という、マスコミをはじめとする「ポリティカリー・コレクト」の気運に迎合したのでしょう。だから、冷静さを取り戻した二審の判決では、約六億円での和解勧告に落ち着きました。

検察も裁判所と同じです。最近、鈴木宗男氏の事件に絡んで逮捕された外務官僚の佐藤優《まさる》氏の『国家の罠』（新潮社）を読みました。佐藤氏を追及する検事が「マスコミの反応を見ながらの国策捜査」をあからさまに認めているのでびっくりしました。民主国家では国民の声すなわち世論をうかがうのは当然、とこの検事は信じているから、恥ずかしげもなく「国策捜査」を認めたのでしょう。民主国家では、現実として世論こそが正義であり、必然的にマスコミが第一権力となるのです。

国民は永遠に成熟しない

もちろん国民が時代とともに成熟していくなら問題はありません。昔の話は単なるエピソードとして片付けることができます。しかし、冷徹なる事実を言ってしまうと、「国民は永遠に成熟しない」のです。

このような事実をきちんと伝えないといけません。過去はもちろん、現在においても未来においても、国民は常に、世界中で未熟である。したがって、「成熟した判断が出来る国民」という民主主義の暗黙の前提は、永遠に成り立たない。民主主義にはどうしても大きな修正を加える必要があります。

「真のエリート」が必要

国民は永遠に成熟しない。放っておくと、民主主義すなわち主権在民が戦争を起こす。国を潰し、ことによったら地球まで潰してしまう。

それを防ぐために必要なものが、実はエリートなんです。真のエリートというものが、民主主義であれ何であれ、国家には絶対必要ということです。この人たちが、暴走の危険を原理的にはらむ民主主義を抑制するのです。

真のエリートには二つの条件があります。第一に、文学、哲学、歴史、芸術、科学といった、何の役にも立たないような教養をたっぷりと身につけていること。そうした教養を背景として、庶民とは比較にもならないような圧倒的な大局観や総合判断力を持っていること。これが第一条件です。

第二条件は、「いざ」となれば国家、国民のために喜んで命を捨てる気概があることです。この真のエリートが、いま日本からいなくなってしまいました。

昔はいました。旧制中学、旧制高校は、こうした意味でのエリート養成機関でした。旧制一高の寮歌の中に「栄華の巷《ちまた》、低く見て」という歌詞があって、時に「悪《あ》しきエリート主義」の象徴みたいに言われますけど、この歌詞はある本質を衝いていると言える。真のエリートには、俗世に拘泥《こうでい》しない精神性が求められるからです。

官僚は真のエリートにあらず

戦後我が国を統治したＧＨＱすなわちアメリカの最大課題は、「日本を再び立ち上がってアメリカに刃向かわないような国にする」ということでした。下手にエリートをつくると、底力のあるこの民族は再び強力な国家を作ってしまう。そこで、まずエリートを潰さねばというわけで、真っ先に旧制中学、旧制高校を潰してしまった。

もちろんこの措置は、一九〇七年に結ばれたハーグ条約にある「占領者は現地の制度や法令を変えてはならない」という趣旨の第四十三条にあからさまに違反するものです。大がかりな検閲によって言論の自由さえ封殺するという、洗脳のための蛮行を密かに実施していたアメリカにとって、これくらいは朝飯前だったのです。

ハーグ条約に関して付け加えると、憲法や教育基本法を押しつけたのも同様に違反です。アメリカが真珠湾奇襲を「恥ずべき行為」と糾弾《きゅうだん》する唯一の根拠は、開戦前の宣戦布告を義務づけたハーグ条約です。

しかし、ハーグ条約以前は、当のアメリカを含めどの国も奇襲を主としていました。ハーグ条約以降でさえ、一九一六年の対ドミニカ戦争でアメリカは、宣戦布告なしに奇襲、占領しています。第二次大戦におけるドイツのポーランドやソ連への侵攻も奇襲でした。ハーグ条約における宣戦布告条項は、単に開戦儀礼に関する取り決めであり、誰も重要なものとは思っていなかったのです。

現に真珠湾攻撃より先に、日本軍はイギリス領マレー半島への上陸作戦を敢行しましたが、イギリスは宣戦布告のあるなしなど問題にもしませんでした。ルーズベルト大統領だけが「恥ずべき」とか「破廉恥」などという最大限の形容を用いて憤激して見せたのは、モンロー主義による厭戦気分に浸《ひた》るアメリカ国民向けでした。「アメリカの若者の血を一滴たりとも海外で流させない」という大統領選での公約を破り、欧州戦線に参戦するための煽動だったのです。計算通り、国民は憤激し、熱狂し、大戦に参加することができたのです。

旧制中学および高校を潰したのは慧眼《けいがん》と言おうか、彼らの思惑通り、六十年後の現在、真のエリートが日本からいなくなり、国家は弱体化してしまいました。

確かに財務省を筆頭に、霞ヶ関には東大を優秀な成績で出た人がいっぱいいます。しかしそれは、いわゆる「偏差値エリート」にすぎません。「偏差値が高い」というのも確かに能力には違いありませんが、それは片足ケンケンが上手いのと同じようなもので、国のためにはあまり役立たない。先の二つの条件を充たす「真のエリート」がどうしても必要です。

エリートを養成している欧米

はっきり言えば、一万人の殺人犯がいても、先進国家は何ともない。しかし、一万人の真のエリートがいなかったら潰れます。イギリスやフランスでは、そのようなエリートをきちんと養成しています。イギリスにはパブリック・スクールやオックスフォード大学、ケンブリッジ大学の出身者、フランスには大学よりも格上のグランゼコールの出身者など、真のエリートが健在です。イギリスの政治家には真のエリートが多いので、賄賂《わいろ》や汚職の話はほとんど聞きません。国民のために命を捧げるような者は、国民を欺《あざむ》くようなことはしないのです。

女性問題のスキャンダルは時々あります。こちらはどんな教育をしてもなくなりません。

日本のエリートを根こそぎにしたアメリカにだって、無論エリートがいます。大東亜戦争の帰趨《きすう》が見えてきた頃、アメリカの世論調査で、「日本という国は存在する限り悪をなすから、国家を壊滅したうえで民族を奴隷にすべし」を国民の三分の一が支持している、という結果が出ました。しかし、政府にいるエリート群が、このような国民的ヒステリーは無視したのです。

紀元前二世紀に、ローマ軍は宿敵のカルタゴを殲滅《せんめつ》し、建物をことごとく壊し、廃墟を鋤《すき》でならし、不毛の地とすべく一面に塩をまき、老若男女すべてを奴隷として売り飛ばしました。カルタゴは地上から消滅しました。二千年以上後のアメリカ国民の三分の一が、日本に対し同じことを考えたのです。国民は賢くならないのです。

国民が国をリードすることはあり得ない。これはいかなる国でも永遠に、能力的に不可能です。なのに主権在民が金科玉条となっているのです。

「平等」もフィクション

こういう冷厳たる事実というのは、マスコミでは伝えられません。さっき「自由」というものを批判しましたが、「平等」というのもまたフィクションです。定義があいまいなまま「人間はすべて平等」などと言っても、子供でも直感的に「ウソ」と分かっているはずです。

私は小学校の時から勉強はめざましく出来ましたが、女性にはいっこうにもてませんでした。いまだに何とかならないかと思っておりますが、世界中の女性の目がくもっているので、なんともなりません。そのうえ絵の才能は小学校からずっと通信簿で「2」でしたし、中高六年間続けて多少は自信のあるサッカーも、ベッカムの足元にも及ばない。夫婦喧嘩では女房にすら敵わない。人の能力はなにひとつ平等ではないのです。

命にも歴然と軽重があります。無垢な赤ちゃんと凶悪殺人犯、どちらの命が大事かと言えば、当然、赤ちゃんの方に決まっています。

すべての人に真に平等なのは何だろうと考えると、なかなか見当たらずに悩んでしまいます。そもそも平等とは一体何のことか、定義すら不能です。消費税を一律五%にすることが平等なのか、金持ちから一〇%貧乏人から一%とするのが平等なのかさえはっきりしません。

私は平等というのは、欧米のひねり出した耳当たりのよい美辞に過ぎないと思っております。近代的な平等の概念は、恐らく王や貴族など支配者に対抗するための概念としてでっち上げられたのではないかと考えます。だからこそ、平等を真っ先に謳《うた》ったアメリカ独立宣言では正当化のために神が必要だったのです。

アメリカは奴隷制度の本場ですから、「平等」は人権がらみの意味を持たなかったはずです。きっとイギリス国王が念頭にあったはずです。だからこそ、独立宣言では人民による革命権をも明記しているのです。この「平等」が、王侯貴族の支配がなくなった今日すっかり意味を変え、人権がらみの言葉となりました。正当性と闘争性はそのまま残りました。もちろん差別ほど醜悪で恥ずべきものはありません。この差別に対して「平等」という対抗軸を無理矢理立て、力でねじ伏せようというのが、闘争好きな欧米人の流儀なのです。

「平等」ではなく「惻隠」を

我が国にも古くから平等という言葉はありましたが、「平坦」という意味や、仏の慈悲が衆生《しゆじよう》に一様に及ぶという意味、公平という意味などで、どれも闘争的な意味ではありませんでした。

我が国では差別に対して対抗軸を立てるのではなく、惻隠《そくいん》をもって応じました。弱者・敗者・虐げられた者への思いやりです。惻隠こそ武士道精神の中軸です。

人々に十分な惻隠の情があれば差別などはなくなり、従って平等というフィクションも不要となります。差別を本当に撲滅しようとするなら、平等という北風ではなく惻隠という太陽をもってしなければなりません。北風が無効であることは、アメリカの現状を見れば明らかです。

「平等」の旗手アメリカこそは、企業経営者の平均年収が約十三億円で一般労働者のそれが約三百万円（二〇〇四年）の国なのです。三千五百万人もの人々が貧困のため医療さえ受けられない国なのです。マスターズで有名なオーガスタ・ナショナルをはじめ、女性がメンバーになれないゴルフ・クラブがたくさんある国なのです。二〇〇一年の大リーグで、黒人のバリー・ボンズが白人のマーク・マグワイアのホームラン記録七十本にあと一本と迫ってから並ぶまでに、十九打席で十二の四死球をもらった国なのです。七十号はベネズエラ人、七十一号は韓国人の投手から打ったものでした。

論理だけではもたない

民主主義にももちろんきちんとした論理は通っていますが、「国民が成熟した判断ができる」という大前提は永遠に満たされないこと、その本質たる自由と平等はその存在と正当性のために神を必要とすること、という致命的とも言える欠陥があります。

従って自由、平等、民主主義などは抑制を加えない限り、暴走するものなのです。例えば現在のアメリカや日本の場合、「三権分立」は骨抜きになり、マスコミがすべての上に立ってしまいました。このような事態を放置しておけば、社会は荒廃し、先ほど述べたように再び大きな戦争の起こる確率が高くなります。

私が言いたいのは、論理や合理性が幾ら通っていても、それだけではうまく行かない、民主主義は成立するための前提すら満たされないし、自由と平等はその存在すらフィクションである、ということです。

自由と平等は両立しない

そのうえ、自由と平等は両立さえしません。先ほど述べましたように、アメリカのプライベートなゴルフ・クラブには女性会員を認めない所や、有色人種をほとんど入れない所が多くあります。これは、女性や有色人種から見れば不平等ですが、ゴルフ・クラブから見れば、組織する自由、趣向の自由、思想の自由です。自由と平等が正面衝突しています。

神は矛盾を犯しませんから、自由と平等がともに神から与えられたもの、などというのは真っ赤な嘘なのです。すなわち、神が与えたのはどちらか一方、あるいはどちらも与えなかったはずです。ところが自由と自由は正面衝突します。言論の自由はプライバシーを守る自由と衝突します。私の自由と他人の自由は常に衝突です。私が、好きな女性に接近する自由を行使すると、その女性は必ず私から遠ざかる自由を行使する、というのが私のこれまででした。自由と自由が衝突しなかったら、私は夢のような人生を送れたはずだったのです。

平等と平等も衝突です。平等な条件で競争すると弱肉強食となり、貧富の差が大きくなり、不平等となります。結果の平等ではなく機会の平等だ、という論が流行していますが、噴飯《ふんぱん》物です。全大学生の親の中で、東大生の親の所得が最も多いことが証拠です。

貧者の子弟は良質の教育を受ける経済力に欠けるため、東大入学の機会が小さくなります。すなわち、平等な競争が貧富の差という結果の不平等を生み、それが機会の不平等を生んでいるのです。平等が不平等を生むということです。結局、神は自由も平等も与えなかったということです。

もちろん民主主義、自由、平等には、それぞれ一冊の本になるほどの美しい論理が通っています。だから世界は酔ってしまったのです。論理とか合理に頼りすぎてきたことが、現代世界の当面する苦境の真の原因と思うのです。

第四章　「情緒」と「形」の国、日本

「情緒」と「形」を重んじよ

それではどうしたら良いのでしょうか。一つの解決策として私が提示したいのは、日本人が古来から持つ「情緒」、あるいは伝統に由来する「形《かたち》」、こうしたものを見直していこう、ということです。

論理とか合理を否定してはなりません。これはもちろん重要です。これまで申しましたのは、「それだけでは人間はやっていけない」ということです。何かを付加しなければならない。その付加すべきもの、論理の出発点を正しく選ぶために必要なもの、それが日本人の持つ美しい情緒や形である。それが私の意見です。

論理とか合理を「剛《ごう》」とするならば、情緒とか形は「柔《じゅう》」です。硬い構造と柔らかい構造を相携《あいたずさ》えて、はじめて人間の総合判断力は十全なものとなる、と思うのです。

自然に対する感受性

それでは日本人の持つ情緒や形というのは、どういうものでしょうか。

まず、真っ先に言えることは、自然に対する繊細な感受性です。かつて日本に長く滞在した外国人たちは、一様にそのことを指摘しています。

昭和の初め頃、東京のイギリス大使館にジョージ・サンソムという外交官がいましたが、その奥さんであるキャサリン・サンソムという人が、『東京に暮す』（岩波文庫）という本を書いております。このサンソム夫人は昭和一桁の時代、八年間くらいを東京で暮らしました。

彼女の本を読みますと、「自然への感受性や美を感じる心という点で日本人に勝る国民はいないでしょう」と書いています。

一時帰国した彼女が、日本に戻る船で富士山を見た時のことです。「富士山はむしろ夢であり、詩であり、インスピレーションです。久しぶりに見た瞬間、心臓が止まってしまいました」と嬉しいことを書いてくれています。

ただ、日本人の美的感受性が優れているのは、「富士山が美しいから」というのはどうでしょうか。富士山が世界一美しいのは認めるとしても、当時、九州や北海道や四国に住んでいた人の多くは、一度も富士山を見たことがなかったでしょう。まあ、銭湯の壁で見ていたかも知れませんが。

ともあれ、この自然に対する繊細な感受性が、世界に冠たる日本文学を生んできた最大の理由と私は信ずるのです。

日本の庭師は世界一

サンソム夫人が感動と共に記していることの一つに、日本の庭師の話があります。イギリスの庭師の場合、例えば「楓《かえで》を庭のあそこに植えてくれ」と注文すると、言われたところに穴ぼこを掘って、楓をポンと植えて、お金を貰って帰ってしまう。

ところが日本の庭師の場合、まず家主の言うことを聞かないと言う。あそこに植えた方が良い、などと逆に提案してくる。そして一本の木をあらゆる角度から眺め、庭師自身もあっちこっちに立ち位置を変え、目を丸くしたり目を細めたりして、散々に見た後、最も美しく、最も調和のとれた所に、弟子たちに身振り手振りで指示を与えて植えさせる。日本の庭師というのはオーケストラの指揮者のようだ。「見ていてわくわくする」と書いています。

日本人の繊細な美的感受性に感動しているのはサンソム夫人だけではありません。日本に少し長く逗留し、滞在記を記した外国人の多くは、それを絶賛しています。

茶道、華道、書道

お茶を考えても、イギリスではみんなマグカップにどぼどぼ注いでガブ飲みする。しかし日本では、茶道というものにしてしまう。花の活け方も、日本では華道にしてしまう。字なんて相手に分からせれば済むものです。しかし日本では書道にしてしまう。あるいは香道なんていうのもありますね。香を聞く。何でも芸術にしてしまう。柔道や剣道なども、美とか礼を重視します。諸外国の格闘技とはだいぶ趣《おもむき》が違います。

自然への繊細な感受性を源泉とする美的情緒が、日本人の核となって、世界に例を見ない芸術を形作っている。「悠久の自然と儚《はかな》い人生」という対比の中に美を感じる、という類《たぐい》まれな能力も日本人にはあります。

日本という土地には、台風や地震や洪水など、一年を通じて自然の脅威が絶えません。他国よりも余計に「悠久の自然と儚い人生」という対比を感じやすい。「無常観」というものを生み出しやすい風土なのでしょう。

変質した無常観

無常観というのはもともと、インドのお釈迦様が言ったことです。お釈迦様の言う無常は哲学です。万物は流転する。永遠に不変なものは存在しない。どんどん変わってしまう。いまあなたがいる建物も必ずいつかは朽ち果てる。あなたの周りの人間も百年後には誰もいない。何もかも永遠に同じ形を保つことは出来ない、という当たり前ともいえる哲学です。

日本人というのは何でも直ちに真似をして、それをアッという間に変質させ、自分ならではのモノにしてしまう天才的な能力を持つ民族です。漢字を真似してからあっという間に訓読みと万葉仮名、続いて平仮名、片仮名を発明して完全に日本のものとしてしまったのが好例です。

北インドから中国を通って日本に来た無常観も変質を遂げました。日本人の無常観は、「すべては変わりゆく」というドライな達観から派生して、弱者へのいたわりとか敗者への涙という情緒を生み出した。ドライな達観が、儚く悲しい宿命を共有する人間同士の連帯、そして不運な者への共感へと変質していったのでしょう。

『平家物語』の中に、武士道の典型として新渡戸《にとべ》稲造《いなぞう》の『武士道』の中でも引用される有名な場面があります。一の谷の合戦の際、熊谷《くまがい》直実《なおざね》が敵の平家の武将を捕まえた。殺そうと思って顔を見ると、まだ若い。十五歳の平《たいらの》敦盛《あつもり》だった。

自分の息子ぐらいの歳である若者を殺していいものかどうか。熊谷直実は思わず逡巡するわけですが、さすが平敦盛は「首を討《う》て」と直実に命令します。直実はしかたなく首を討つ。その後、手にかけてしまった若者を悼《いた》んで、直実は出家してしまう。

このような敗者、弱者への共感の涙。これが日本の無常観にはある。お能の「敦盛」が今でも延々と演じられているのは、こういう無常観、武士道でいう惻隠に近いものが今も日本人の心の中に流れていて、心を揺さぶられるからでしょう。

もののあわれ

この無常観はさらに抽象化されて、「もののあわれ」という情緒になりました。日本の中世文学の多くが、これに貫かれています。すなわち人間の儚さや、悠久の自然の中で移ろいゆくものに美を発見してしまう感性です。これは大変に独特な感性です。

物が朽ち果てていく姿を目にすれば、誰でもこれを嘆きます。無論、欧米人でもそうです。しかし、日本人の場合、その儚いものに美を感ずる。日本文学者のドナルド・キーン氏によると、これは日本人特有の感性だそうです。儚く消えゆくものの中にすら、美的情緒を見いだしてしまう。

十年ほど前に、スタンフォード大学の教授が私の家に遊びに来ました。秋だったのですが、夕方ご飯を食べていると、網戸の向こうから虫の音が聞こえてきました。その時この教授は、「あのノイズは何だ」と言いました。スタンフォードの教授にとっては虫の音はノイズ、つまり雑音であったのです。

その言葉を聞いた時、私は信州の田舎に住んでいたおばあちゃんが、秋になって虫の音が聞こえ、枯葉が舞い散り始めると、「ああ、もう秋だねえ」と言って、目に涙を浮かべていたのを思い出しました。

「なんでこんな奴らに戦争で負けたんだろう」と思ったのをよく覚えています。

日本人に特有な感性

虫の音に対する日本人の感性については、ラフカディオ・ハーンも「虫の演奏家」という随筆で触れています。日本人は虫の音を音楽として聴き、そこにもののあわれさえ見いだしている。この、欧米においては稀にみる詩人だけに限られた感性を、日本ではごく普通の庶民でさえ、ごく当たり前に持っている。秋になって遠くから鈴虫の音が聞こえてくると、心を洗われ、秋の憂愁《ゆうしゅう》に心を静ませる。このようなことが古代から日常的に行なわれている。

こう語った後、ハーンは証拠としていくつもの和歌を引用しています。例えば万葉集の詠み人知らずの歌で「庭草に村雨《むらさめ》ふりてこほろぎの鳴く声聞けば秋づきにけり」。古今集から「あきの野に道もまどひぬまつ虫の声するかたに宿やからまし」などです。なお、虫の音を楽しむというのは、欧米にはもちろん中国や韓国にもないことだそうです。

三年ぐらい前、日本の中世文学を専攻するイギリス人が我が家に遊びに来ました。私は「日本の中世文学を勉強するうえで何が難しいですか」と訊ねました。彼はただちに「もののあわれだ」と答えました。

「もののあわれというのはイギリスにはないんですか」と私が訊いたら「勿論あります。あるけれど、日本人ほど鋭くない」と言う。従って「もののあわれ」に対応する英語は存在しない。それに近い英語も存在しないそうです。

人間というのは、何かに対して感性が研ぎ澄まされていると、必ずそれを言語化する生き物です。例えばエスキモーの間では、雪に関する言葉が百以上あると言います。東京でも、牡丹雪とか細雪とか粉雪とかドカ雪とか、色々あります。新潟へ行ったらもっとたくさんあるでしょう。それでもエスキモーほどではない。だから、雪に対する感性では、日本人はエスキモーに負けてしまう。

しかし、悠久の自然と儚い人生との対比の中に美を発見する感性、このような「もののあわれ」の感性は、日本人がとりわけ鋭い。おそらく世界中の人が持っている感性なのでしょうが日本人がとりわけ鋭い。このように思うのです。

桜の花に何を見るか

この日本人の感性の鋭さの一例が、例えば桜の花に対するものです。

桜の花は、ご存じのように本当に奇麗なのはたったの三、四日です。しかも、その時をじっと狙っていたかのように、毎年、風や嵐が吹きまくる。それで「アアアー」と思っているうちに散ってしまう。日本人はたった三、四日の美しさのために、あの木偶《でく》の坊のような木を日本中に植えているのです。

桜の木なんて、毛虫はつきやすいし、むやみに太いうえにねじれていて、肌はがさがさしているし、花でも咲かなければ引っこ抜きたくなるような木です。しかし日本人は、桜の花が咲くこの三、四日に無上の価値を置く。たったの三、四日に命をかけて潔く散っていく桜の花に、人生を投影し、そこに他の花とは別格の美しさを見出している。だからこそ桜をことのほか大事にし、「花は桜木、人は武士」とまで持ち上げ、ついには国花にまでしたのです。

桜の花の時期になると、みながうきうきします。桜前線が南から上がって来ると、もう吉野は満開かな、高遠《たかとお》や小田原はどうだろう、千鳥ヶ淵や井の頭公園は来週かな、弘前の桜はいつになるだろうなどと、みな自分の知っている桜の名所が気になり出す。桜前線が地元に至ると、今度は天候を心配します。天候を心配するのは、花見の幹事だけではありません。桜は人生そのものの象徴だから、誰もが気になって仕方ないのです。

アメリカ・ワシントンのポトマック川沿いにも、荒川堤から持って行った美しい桜が咲きます。日本の桜より美しいかも知れない。しかし、アメリカ人にとってそれは「オー・ワンダフル」「オー・ビューティフル」と眺める対象に過ぎない。そこに儚い人生を投影しつつ、美しさに長嘆息するようなヒマ人はいません。

紅葉の繊細さ

紅葉についても同じことが言えます。

これも二年ぐらい前ですけれども、ケンブリッジ大学の数学の教授が、蓼科《たてしな》にある私の山荘を訪れました。その人は整数論の世界的権威で、フィールズ賞も貰っている数学者です。

ちょうど秋だったので、紅葉《もみじ》狩りに連れて行きました。そしたら彼は「ほんとうに美しい」と驚くのです。「アメリカやイギリスでも紅葉を見たことがある。ところが、三時間車をとばしても、右も左も真っ黄色というような単調さだった。日本の場合は、日当たりや、山のどのあたりにあるかで色や鮮やかさが異なり、とても美しい」と。

しばらく一緒に歩いていると、「一つ気づいたことがある」と彼がつぶやきました。「日本の楓の葉は、非常に繊細で華奢《きゃしゃ》だ。欧米の楓の葉は、もっと大きくて厚ぼったい。そのせいか色の変化が大まかだ。それに比べ日本の楓の葉は、薄く繊細なうえ、一つの木にも紅い葉、オレンジの葉、緑の葉などがあり色彩が豊かだ」と言うのです。

楓に見られるように、日本というのは自然そのものが非常に繊細に出来ている。豪快さにはやや欠けますが、山も川も谷も木々も花も何もかも、非常に繊細に出来ている。その上、四季の変化がはっきりしています。こんな国は珍しい。

四季のないのが普通

私は三年間、アメリカの中西部の大学で教えていましたが、アメリカの中西部には、日本の基準で言うと、春と秋はそれぞれ一ヶ月くらいしかありませんでした。残りは夏と冬です。イギリスのケンブリッジには一年余りいましたが、一年の半分が冬でした。南インドには二回、一週間ずつ行きました。一番涼しそうな二月を選んで行ったんですが、日中三十度を下回る日は一度もありませんでした。俳句を作ろうと思ってあたりを見渡しても、季語になるものがどこにも見つからない。二月なのに、みんな裸で水浴びしているんですから。

日本は四季がはっきりしています。そのせいか植生が非常に豊かです。サンソム夫人も前掲書で、日本には熱帯インドにある樹木から白樺など北欧の木まで実に種類が多いと言っています。植生ばかりではありません。ハーンは美しい音色の虫が日本には非常に多いと言っています。私の経験でもそう思います。そのうえすべてが繊細微妙に出来ている。このような、神の恩寵《おんちょう》とも言うべき特異な環境の中に何千年も暮らしていると、自然に対する感受性というものが特異に発達する。この感受性が、民族の根底に年月をかけて沈殿している。そのように思えるのです。

「もののあわれ」の他にも、日本人は自然に対する畏怖《いふ》心とか、跪《ひざまず》く心を元来持っている。欧米人にとって自然は、人類の幸福のために征服すべき対象です。しかし、太古の昔から日本人で、「人類の幸福」などという目的のために、「自然を征服すべき」などと思った輩《やから》は一人もいない。自然というのは、人間とは比較にならないほど偉大で、ひれ伏す対象だった。自然に聖なるものを感じ、自然と調和し、自然とともに生きようとした。そういう非常に素晴らしい自然観があったのです。だからこそ神道が生まれた。

この情緒が、ある意味で日本人の民族としての謙虚さを生んできた。「人類の幸福のために自然を征服する」などというのは、手に負えない人間の傲慢《ごうまん》です。そもそもそんなことを言い出したら、地球環境は破滅に向かってまっしぐらとなります。

俳句が呼び起こすイメージ

さらに日本人は、自然と心を通わせるという得意技を持っている。俳句などは、その好例です。

森本哲郎氏の本で読んだのですが、彼がドイツを旅行していた時、列車の中でこんなことがあったそうです。彼は芭蕉の俳句集を読んでいた。前に座ったドイツ人大学生と会話が始まった。「何を読んでるんだ?」「俳句だ」「俳句って何だ?」となったので、「枯れ枝に　烏《からす》の止まりたるや　秋の暮れ」という句を訳してあげた。「枯れ枝に烏が止まっています。秋の暮れ」とね。

するとその大学生は、こう言ったそうです。

「それで?」

欧米人にとって、「枯れ枝に烏が止まっています。秋の暮れ」では、ストーリーが何も始まっていない。だから、「それで?」と聞き返してしまう。

しかし日本人で、「それで?」なんて聞き返す者は一人もいない。聞いた瞬間に誰でも、沈む夕日を背に、枯れ枝がスッと伸びていて、烏がポツンととまっている姿が思い浮かぶ。そして秋の憂愁が村全体、町全体、国全体を覆っていくイメージがすぐに湧く。烏の黒一点が秋の中心であるかの如く風景を締めている。人によりニュアンスの相違はあれ、こんなことを日本人なら誰でも瞬間的に思い描く。

蛙が一斉にドバドバッと?

「古池や　蛙《かわず》飛び込む　水の音」という、日本人なら誰でも知っている芭蕉の句がありますね。日本人なら、森閑《しんかん》としたどこかの境内の古池に、蛙が一匹ポチョンと飛び込む光景を想像できる。その静けさを感じ取ることができます。しかし、日本以外の多くの国では、古い池の中に蛙がドバドバドバドバッと集団で飛び込む光景を想像するらしい。これでは情緒も何もあったものではない。

このように自然に心を通わせられるような、素晴らしい感性を日本人は備えています。それを思えば台風や地震や洪水といった自然災害にすら感謝したくなります。こうした自然災害に「恵まれた」おかげで、自然にひれ伏す気持ちが生まれ、無常観が発達し、もののあわれとか自然と心を通わすような情緒につながったのですから。

「懐かしさ」という情緒

もう一つ、日本人の誇りうる情緒として、「懐かしさ」があります。これも非常に高級な情緒です。

もちろんアメリカ人だって、生まれ育ったホームタウンを懐かしがります。しかし、アメリカ人はしょっちゅう引っ越す。したがって、日本人が毎年お墓参りをするような、先祖代々の墓などない。そんな事情もあり、ホームタウンへの郷愁は淡いものです。

一方、日本人の郷愁は、緊縛感とでもよべるものを伴った濃厚な情緒です。いかに濃厚かは、懐かしさを歌った文学が山ほどあることからも明らかです。万葉集の中には防人《さきもり》の歌をはじめ郷愁を歌ったものがかなりありますし、近代短歌でも石川啄木や斎藤茂吉などに多くある。俳句では与謝蕪村、詩の世界でも萩原朔太郎や室生犀星の名前がすぐに挙がります。このような文学をたっぷりと子供に読ませないといけません。故郷を失った人々が多い現今、これは非常に重要と思われます。

四つの愛

この懐かしさという情緒は、私の呼ぶ「四つの愛」の基本になります。「四つの愛」とは何かと言うと、まず「家族愛」です。それから「郷土愛」、それから「祖国愛」です。この三つがしっかり固まった後で、最後に「人類愛」です。

順番を間違えてはいけません。家族愛の延長が郷土愛、それら二つの延長が祖国愛だからです。日本ではよく、最初に人類愛を教えようとしますが、そんなことがうまく行くはずがありません。「地球市民」なんて世界中に誰一人いない。そんなフィクションを教えるのは百害あって一利なしです。まずは家族愛をきちんと整える。それから郷土愛。それから祖国愛です。このうちのどれかが欠けていたら、世界に出て行っても誰も信用してくれません。

私は、ガーナ人でガーナを愛さない奴がいたらブッ飛ばします。韓国人で韓国を愛さない奴がいたら張り飛ばします。仮に張り飛ばさなくても、少なくともそういう人間とは絶対に付き合いません。根無し草と付き合っても、何一つ学ぶものがないからです。

これは日本国内に当てはめても同じことです。青森出身の人は青森を、沖縄出身の人は沖縄を、愛していればいるほど、人間として魅力的で信用も出来る。鹿児島でも北海道でも同じです。

愛国心の二つの側面

祖国愛に対しては、不信の目を向ける人が多いかも知れません。「戦争を引き起こす原因になりうる」などと、とんでもない意見を言う人が日本の過半数です。

まったく逆です。祖国愛のない者が戦争を起こすのです。

日本ではあまりよいイメージで語られない「愛国心」という言葉には、二種類の考えが流れ込んでいます。一つは「ナショナリズム」です。ナショナリズムとは、他国のことはどうでもいいから、自国の国益のみを追求するという、あさましい思想です。国益主義と言ってよい。戦争につながりやすい考え方です。

一方、私の言う祖国愛は、英語で言うところの「パトリオティズム」に近い。パトリオティズムというのは、自国の文化、伝統、情緒、自然、そういったものをこよなく愛することです。これは美しい情緒で、世界中の国民が絶対に持っているべきものです。

ナショナリズムは不潔な考えです。一般の人は敬遠した方がよい。ただし、政治家とか官僚とか、日本を代表して世界と接する人々は当然、ある程度のナショナリズムを持っていてくれないと困る。

世界中の指導者が例外なく、国益しか考えていないからです。日本の指導者だけが「ナショナリズムは不潔」などと高邁な思想を貫いていると、日本は大損をしてしまう。安全や繁栄さえ脅かされる。一般の国民は、ナショナリズムを敬遠しつつ、リーダーたちのバランスあるナショナリズムを容認する、という大人の態度が必要になってくる。現実世界を見ると、残念ながらダブルスタンダード（二重基準）で行くしか仕方がないのです。無論、リーダー達の過剰なナショナリズムへの警戒は怠ってはなりません。

「愛国心」ではなく「祖国愛」を

私はいつぞや、アメリカ人の外交官に「お前はナショナリストか」と訊いたことがあります。そうしたら「オー・ノー」と否定されました。そこまでは良かった。ところが「パトリオットか」と訊いてしまった。そしたら「もちろんだ」と言って今度は怒り始めた。自分が生まれた祖国の文化、伝統、自然、情緒をこよなく愛することは、当たり前中の当たり前である。外交官でありながら、そんな質問をされたことを侮《ぶ》辱《じょく》ととったのです。

明治になって作られたのであろう愛国心という言葉には、初めから「ナショナリズム」（国益主義）と「パトリオティズム」（祖国愛）の両方が流れ込んでいました。明治以降、この二つのもの、美と醜をないまぜにした「愛国心」が、国を混乱に導いてしまったような気がします。言語イコール思考なのです。

この二つを峻別《しゅんべつ》しなかったため、戦後はGHQの旗振りのもと、戦争の元凶《げんきょう》としてもろとも捨てられてしまいました。わが国が現在、直面する苦境の多くは、祖国愛の欠如に起因すると言って過言ではありません。

戦後は祖国愛という言葉すらなかったようなものですから、そのような情緒が希薄になるのも当然です。言語イコール情緒でもあるのです。

私は愛国心という言葉は、意識的に使いません。手垢にまみれているからです。そのかわりに「祖国愛」という言葉を使い、それを広めようと思っています。言葉なくして情緒はないのです。

第五章　「武士道精神」の復活を

情緒を育む武士道精神

美的感受性や日本的情緒を育むとともに、人間には一定の精神の形が必要です。論理というのは、数学で言うと大きさと方向だけで決まるベクトルのようなものですから、座標軸がないと、どこにいるのか分からなくなります。人間にとっての座標軸とは、行動基準、判断基準となる精神の形、すなわち道徳です。私は、こうした情緒を育む精神の形として「武士道精神」を復活すべき、と二十年以上前から考えています。

武士道は鎌倉時代以降、多くの日本人の行動基準、道徳基準として機能してきました。この中には慈愛、誠実、忍耐、正義、勇気、惻隠などが盛り込まれています。惻隠とは他人の不幸への敏感さです。

それに加えて「名誉」と「恥」の意識もあります。名誉は命よりも重い。実に立派な考え方です。この武士道精神が、長年、日本の道徳の中核を成してきました。

日本の風土に適合した思想

武士道はもともと、鎌倉武士の「戦いの掟」でした。いわば、戦闘の現場におけるフェアプレイ精神をうたったものと言えます。しかし、二百六十年の平和な江戸時代に、武士道は武士道精神へと洗練され、物語、浄瑠璃《じょうるり》、歌舞伎、講談などを通して、町人や農民にまで行き渡ります。武士階級の行動規範だった武士道は、日本人全体の行動規範となっていきました。

最近、欧米の歴史学者の間で江戸時代を見直す動きが高まっております。彼らの興味は、江戸の高い文化水準やエコロジーだけではありません。ヨーロッパの貴族が支配者として権力、教養、富の三つをほぼ独占して尊敬されていたのに比べ、同じく庶民から尊敬された江戸の武士は、権力と教養はほぼ独占していたものの、まるっきり金がなかったということに一様に驚いているのです。

自分の草履《ぞうり》取りより金がなかったという武士の貧しさについては、磯田道史著『武士の家計簿』(新潮新書)に詳しく描かれています。

さまざまな精神が流入

武士は武士道精神という美徳を最も忠実に実践しているという一点で、人々に尊敬されたのです。金銭よりも道徳を上に見るという日本人の精神性の高さの現れです。

騎士道はキリスト教の影響の下に生まれましたが、馬に乗って戦うことがなくなると、イギリスでさらに諸々の要素を加えて深みを増し紳士道へと発達しました。騎士道と同様、武士道にもさまざまな精神が流れ込んでいます。

まず仏教、特に禅から、運命を引き受ける平静な感覚と、生を賤《いや》しみ死に親しむ心を貰いました。儒教からは君臣、父子、夫婦、長幼、朋友の間の「五倫の道」や、為政者の民に対する「仁慈」を取り入れました。神道からは、主君に対する忠誠、祖先に対する尊敬、親に対する孝行などの美徳を取り入れました。

最も中心にあるのは、日本に昔からあった土着の考え方です。日本人は万葉の時代どころか、想像するに縄文の時代ですら、「卑怯なことはいけない」「大きな者は小さな者をやっつけてはいけない」といった、皮膚感覚の道徳観、行動基準を持っていたのではないかと思います。

「禅や儒教は舶来のものじゃないか」と言う人がいるかも知れません。禅はもちろん中国で生まれたものですが、中国にはまったく根付かなかった。鎌倉時代に日本に来て、一気に日本に根付いた。これは、禅が中国人の考えとは相容れないもので、日本人の土着の考え方と非常に適合性が高かったということです。鈴木大拙氏の言葉によると、「日本的霊性」に合致していたのです。だからこそまたたく間に鎌倉武士の間に広がった。禅と儒教は日本人の間に古くからあった価値観です。理論化したのは中国人ということです。そして、いつものことながら、日本人はそれを神道などと融合しつつ、日本化し、武士道精神へと昇華させたのです。

武士道精神、廃れる

武士道精神は戦後、急激に廃《すた》れてしまいましたが、実はすでに昭和の初期の頃から少しずつ失われつつありました。それも要因となり、日本は盧溝橋事件以降の中国侵略という卑怯な行為に走るようになってしまったのです。『わが闘争』を著したヒットラーと同盟を結ぶという愚行を犯したのも、武士道精神の衰退によるものです。

私は日露戦争および日米戦争は、あの期《ご》に及んでは独立と生存のため致し方なかったと思っております。あのような、戦争の他に為す術《すべ》のない状況を作ったのがいけなかったのです。

しかし、日中戦争は別です。策士スターリンと毛沢東に誘い込まれたとはいえ、当時の中国に侵略していくというのは、まったく無意味な「弱い者いじめ」でした。武士道精神に照らし合わせれば、これはもっとも恥ずかしい、卑怯なことです。江戸時代は遠くなり、明治も終わり、武士道精神は衰えていました。

挑発に乗って当時の中国に攻め込めば、負ける筈はない。そもそも中国には空軍さえほとんどないのですから。制空権を握った日本がまず空から爆弾を落として、その後陸軍を送り込めば、何回戦争をやったって日本が勝つに決まっています。赤子の手をひねるような戦争をしていたから、陸軍装備の近代化が遅れ、ノモンハンではソ連の機甲師団に仰天してしまったのです。無意味で恥ずべき関東軍の暴走でした。だから天皇、政府、陸軍のすべてが深入りすることに反対したのです。

このような弱い者いじめをしたというのは、日本の歴史の汚点です。明治以来、欧米の列強が例外なく弱い者いじめという卑怯に走っていたとはいえ、この日本までがそれにならったということは、武士道精神が廃れつつあったことの証拠です。戦後は崖から転げ落ちるように、武士道精神はなくなってしまいました。しかし、まだ多少は息づいています。いまのうちに武士道精神を、日本人の形として取り戻さなければなりません。

さまざまな武士道

武士道に明確な定義はありません。新渡戸稲造は『武士道』を書いていますが、それは外国人に日本人の根底にある形を解説するための、新渡戸の解釈した武士道です。「武士道というは死ぬことと見つけたり」で有名な『葉隠《はがくれ》』にしても、山本常朝《つねとも》という人が口述した佐賀鍋島藩の武士道に過ぎません。

それでもやはり、私は新渡戸の『武士道』が好きです。私自身が推奨している「武士道精神」も、多くは新渡戸の解釈に拠っています。

新渡戸の武士道解釈に、かなりキリスト教的な考え方が入っていることは確かです。それが、元々の鎌倉武士の戦いの掟としての武士道とはかけ離れている、との説も承知しております。しかし、大事なのは武士道の定義を明確にすることではなく、「武士道精神」を取り戻すことです。

少なくとも、新渡戸の武士道は、私が幼い頃から吹き込まれていた行動基準と同一です。多くの人々も同じ思いを持つと思います。その意味で、近代武士道は新渡戸の書にもっともよく表現されていると思うのです。

新渡戸稲造の生涯

新渡戸稲造（一八六二〜一九三三）は南部藩（現岩手県）の武士の息子として生まれ、札幌農学校（現北海道大学）で農学を学んだ後、アメリカに留学してキリスト教クウェーカー派の影響を受けました。以後、札幌農学校教授、台湾総督府技師、京都帝国大学教授、第一高等学校校長、東京女子大初代学長などを歴任し、農学者・教育者として活躍しました。国際連盟事務局次長も務めた、戦前でも屈指の国際人です。

彼はある時、ベルギー人の法学者と散歩しながら、「日本には宗教教育がない」という話をしたところ、「宗教なしでどうやって道徳教育が出来るのですか？」と驚かれた。そこでよくよく考えてみたところ、自分の正邪善悪の観念を形成しているのが、幼少期に身につけた武士道であることに気づいたのです。

内村鑑三や岡倉天心といった同時代人にも共通するのですが、新渡戸は日本人の魂を西洋人に分からせたいという熱い思いをいだくようになりました。そこで武士道について英語で紹介することを思いついた。西洋人にもわかりやすいように、エマソンやスペンサーを引用したり、ギリシャ哲学や聖書、シェイクスピア、ニーチェなどと比較したり、本居宣長や平重盛、頼山陽、吉田松陰などを引きながら武士道精神の本質について説いた。

武士道が書かれたのは明治三十二年で、ちょうど日清戦争と日露戦争の間になります。清を破った新興国家日本に世界が注目しながら、警戒心も持ち始めた時期に当たります。

一八九九年にアメリカで出版されると、絶大な賞賛を受けたそうです。感激した当時の大統領、セオドア・ルーズベルトは、何十冊も『武士道』を買い込んで、子供、友人、そして他国の首脳たちに贈ったそうです。

自ら武士道精神を実践

新渡戸はよく「東洋と西洋の架け橋」などと呼ばれますが、彼の目は西洋にばかり向けられていたわけではありません。『武士道』が世界的なベストセラーとなり、国際的な名声を博したその二年後に、台湾に民生局殖産課長として赴任したのです。

当時の台湾は日本領となってまだ六年で、マラリア、コレラなどの伝染病が蔓延《まんえん》する未開の土地でした。新渡戸の偉さは、そこで一介の課長として懸命に台湾の農業を改革し、製糖業を興したことです。その結果、台湾の製糖業を昭和初年にはハワイと世界一を競うまでに育てた。不惜身命《ふしゃくしんみょう》と申しましょうか、「公に奉ずる」という武士道精神を見事に実践したのです。

新渡戸稲造は武士道の最高の美徳として、「敗者への共感」「劣者への同情」「弱者への愛情」と書いております。まさに「惻隠」をもっとも重要視しているのです。これはキリスト教徒には受け入れ易い。「慈悲の心」に近いですから。惻隠は現在のような市場経済による弱肉強食の世界においては、特に重要な徳目だと思います。

美意識の基本

新渡戸は日本人の美意識にも触れています。「武士道の象徴は桜の花だ」と新渡戸は言っています。そして桜と、西洋人が好きな薔薇の花を対比して、こう言っています。

「桜はその美の高雅《こうが》優麗《ゆうれい》が我が国民の美的感覚に訴うること、他のいかなる花も及ぶところではない。薔薇に対するヨーロッパ人の讃美を、我々は分かつことを得ない」

そして、本居宣長の有名な歌、

敷島の大和心を人問はば　朝日に匂ふ山桜花

を引いています。

薔薇は花の色も香りも濃厚で、美しいけれど棘《とげ》を隠している。なかなか散らず、死を嫌い恐れるかのように、茎にしがみついたまま色褪《いろあ》せて枯れていく。それに比べて我が桜の花は、香りは淡く人を飽きさせることなく、自然の召すまま風が吹けば潔く散る。

「太陽東より昇ってまず絶東の島嶼《とうしょ》を照し、桜の芳香《ほうこう》朝の空気を匂わす時、いわばこの美しき日の気息そのものを吸い入るるにまさる清澄爽快の感覚はない」

この清澄爽快の感覚が大和心の本質であると、新渡戸は説いています。

父の教え

私にとって幸運だったのは、ことあるごとにこの「武士道精神」をたたき込んでくれた父がいたことでした。父からはいつも、「弱い者いじめの現場を見たら、自分の身を挺してでも、弱い者を助けろ」と言われていました。

父は「弱い者がいじめられているのを見て見ぬふりをするのは卑怯だ」と言うのです。私にとって「卑怯だ」と言われることは「お前は生きている価値がない」というのと同じです。だから、弱い者いじめを見つけたら、当然身を躍らせて助けに行きました。

私は体格がよく力も強かったので、必ずいじめている者たちを蹴散らしました。それを報告するたびに父は本当に喜んでくれました。あれほど喜んでくれたことは、他にはほとんど思いつきません。母は渋い顔で、「正義の味方もほどほどよ。暴力少年のレッテルを貼られ、内申書にでも書かれたら、行きたい中学にも行けませんよ」なんて言ってましたが。

父は、「弱い者を救う時には力を用いても良い」とはっきり言いました。ただし五つの禁じ手がある。一つ、大きい者が小さい者をぶん殴っちゃいかん。二つ、大勢で一人をやっつけちゃいかん。三つ、男が女をぶん殴っちゃいかん。四つ、武器を手にしてはいかん。五つ、相手が泣いたり謝ったりしたら、すぐにやめなくてはいかん。「この五つは絶対に守れ」と言われました。

しかも、父の教えが非常に良かったと思うのは、「それには何の理由もない」と認めていたことです。「卑怯だから」でおしまいです。

で、私はその教えをひたすら守りました。例えば「男が女をぶん殴っちゃいけない」と言ったって、簡単には納得しにくい。現実には、ぶん殴りたくなるような女は世界中に、私の女房を筆頭に山ほどいる。しかし、男が女を殴ることは無条件でいけない。どんなことがあってもいけない。しかも何の理由もない。そういうことをきちんと形として教えないといけないということです。

卑怯を憎む

私は「卑怯を憎む心」をきちんと育てないといけないと思っています。法律のどこを見たって「卑怯なことはいけない」なんて書いてありません。だからこそ重要なのです。「卑怯を憎む心」を育むには、武士道精神に則《のっと》った儒教的な家族の絆《きずな》も復活させないといけない。これがあったお陰で、日本人の子供たちは万引きをしなかった。

ある国の子供たちは、「万引きをしないのはそれが法律違反だから」と言います。こういうのを最低の国家の最低の子供たちと言います。「法律違反だから万引きしない」などと言う子供は、誰も見ていなければ万引きします。法律で罰せられませんから。大人になってから、法律に禁止されていないことなら何でもするようになる。時間外取引でこそこそ株を買い占めるような人間がどんどん生まれてくる。

家族の絆の中にいた日本の子供たちは、万引きなんかしたら「親を泣かせる」「先祖の顔に泥を塗る」、あるいは「お天道様が見ている」と考えた。だから万引きをする者は少なかった。卑怯なことをする者が少なかったのも同じ考え方からです。家族の絆が「卑怯を憎む心」を育て、強化し、実践させる力となるのです。

武士道の将来

『武士道』の中で新渡戸は、「武士道の将来」と題した最終章にこう記しました。

「武士道は一の独立せる倫理の掟としては消ゆるかも知れない、しかしその力は地上より滅びないであろう。（中略）その象徴《シンボル》とする花のごとく、四方の風に散りたる後もなおその香気をもって人生を豊富にし、人類を祝福するであろう」

「武士道精神」の力は地上より滅びません。まず日本人がこれを取り戻し、つまらない論理ばかりに頼っている世界の人々に伝えていかなければいけないと思います。

第六章　なぜ「情緒と形」が大事なのか

私は祖国を深く愛しておりますので、愛する日本の素晴らしさを伝えようとすると、どうしても熱がこもってしまいます。

しかし、「情緒と形」は、日本に限定すべきものではありません。美しい情緒や形には、世界に通用する普遍性があるのです。なぜにこの美しい情緒や形というものが大事なのか。以下その理由を述べていきたいと思います。

理由は六つほどあります。

①普遍的価値

美しい情緒や形が重要な最初の理由は、「美しい情緒や形は普遍的価値」ということです。

イギリスという国を見てください。世界中の国が、イギリスの言うことには耳を傾けます。しかし、イギリスが現在そんなに凄い国かと言えば、それほどではない。イギリス経済は二十世紀を通して、ほとんど斜陽でした。最近は少し調子がいいのですが、日本のGDPの半分くらいの規模に過ぎません。

日本の言うことには誰も耳を傾けないのに、なぜ経済的にも軍事的にも大したことのないイギリスの言うことに世界は耳を傾けるのでしょうか。イギリスの生んできた「普遍的価値」というものに対する敬意があるからと思います。

例えば議会制民主主義という制度はイギリス生まれです。文学のシェイクスピアやディケンズ、力学のニュートン、電磁気学のマックスウェル、進化論のダーウィン、経済学のケインズ。みんなイギリス人です。

それからコンピュータもジェットエンジンもレーダーもみなイギリス発です。ビートルズもミニスカートもイギリス生まれです。最後のはちょっとどうでもいいかも知れませんが。

このようなイギリスの生んだ普遍的価値に対し、世界の人々は尊敬の念を持っているということです。大いなる普遍的価値を生んだ国に対する尊敬は、一世紀間くらい経済が斜陽でもぜんぜん揺るがないということです。

逆に言うと、日本が今後五百年間、経済的大繁栄を続けようと、それだけでは世界の誰一人尊敬してくれません。羨望《せんぼう》はしても尊敬はしない。やはり、普遍的価値というものを生まないといけないということです。

大発見大発明に限らない

もちろん、日本は多くの普遍的価値を生み出してきました。世界でも群を抜く文学作品はもちろんですが、世界で初めて小説の形式を発明した紫式部、俳諧という文学を確立した芭蕉などは、これはもう何世紀に一人の大天才です。

関孝和《せきたかかず》という数学者は、元禄の少し前に行列式を世界で初めて発見しました。理系の大学一年生は、どの国でもみなこの行列式を勉強します。ドイツの大天才ライプニッツが発見したと世界中の人が思いこんでいますが、その十年前に関は鎖国の中、独力で行列式を発見し使用しているのです。

このような普遍的価値は、生み出し続けなければいけません。ただ、これは大発見や大発明に限ったことではない。身近に慣れ親しんだものの中にも普遍的価値はあります。例えば親孝行。親孝行なんて最近は廃れていますし、アメリカやイギリスに行ったら誰もそんなことは考えない。年を取れば老人ホームに入るのが当たり前というような国柄です。

しかし、例えば日本人の留学生がアメリカに行って、故国に残している年老いた両親を思ってふと目に涙を浮かべたら、必ずやその留学生はアメリカで尊敬、信頼されるでしょう。親孝行はアングロサクソンの間では流行りませんが、やはり人間の心というのは奥底では非常に似ている。心の奥底に訴えるものは、世界のどんな辺鄙《へんぴ》な地で生まれたものでも、大概、普遍的価値と言えます。

交番と豆腐と布団

日常生活の中の素晴らしい仕組みとか、技術、知恵といったものもそうです。

身近な例では交番という仕組みもそうです。これもあって、治安が非常に良い状態に保たれてきた。大判の英語辞典を見ると「コーバン」が出ています。寿司はとっくの昔からですが、豆腐ももう国際語です。アメリカやイギリスで、「ト」を強調して「トウフ」と言うと通じます。「豆腐」と普通に日本語で言っても通じませんが。

また、「布団」では通じませんが、「フ」を強調して「フトン」と言うと通じます。布団は素晴らしいですね。昼間は片付けてしまうことで、効率良く部屋を使えます。欧米人の間で布団の愛好者が少しずつ増えてきました。普遍的価値があったということです。

つい最近、米国コロラド大学時代の同僚教授が我が家を訪れましたが、エダマメという言葉を知っているのでびっくりしました。去年の夏我が家に泊まったケンブリッジ大学の先生や学生たちは「こんなに美味《おい》しいものは初めて」と感激していましたから、イギリスには未だに旨《うま》いものがないのでしょう。

日本の美しい情緒と形こそ

日本の生み出した普遍的価値のうち、最大のものは、第四章で述べた「もののあわれ」とか、自然への畏怖心、跪《ひざまず》く心、懐かしさ、自然への繊細で審美的な感受性といった美しい情緒です。それに加えて武士道精神という日本独特の形です。

また、美しい情緒から生まれた神道も普遍的価値です。フランスの作家オリヴィエ・ジェルマントマ氏は『日本待望論』（産経新聞ニュースサービス）で、「人間と天の間に太古の時代よりあった絆が失われた。これを失ったことで西洋人は窒息状態にあるが、日本の神道だけにはまだそれが生きている。神道こそ日本の最も重要な文化財である」という趣旨のことを語っています。

跋扈するグローバリズム

二十世紀の最後の頃から跋扈《ばっこ》し始めたグローバリズムは、冷戦後の世界制覇を狙うアメリカの戦略に過ぎません。世界はこれに対して、断固戦いを挑まなければいけない。グローバリズムは歴史的誤りと言ってよいものだからです。

資本主義をアメリカ化するため、冷戦後に、アメリカ式市場経済、リストラ自由のアメリカ式経営、株主中心主義、アメリカ式会計基準などを各国は半ば強要されてきました。経済がすっかり変わってしまい、どの国でも貧富の差が急速に拡大しつつあります。大都市の発展と田舎の衰退が共通に進んでいます。

アメリカにおける恐ろしいほどの貧富の差については先に申しました。ハリケーンに襲われたニューオーリンズで、被害者のほとんどは貧困層、そのほとんどは黒人でした。裕福な白人は低地には住まないのです。逃げる手段の車もなければ長距離バスの切符すら買えない人々です。ニューヨークで生まれた赤ん坊が満一歳まで生き延びる確率は北京より低いと言われるほどです。それほど貧富の格差が開いたということです。

社会学者のデイヴィッド・リースマンが『孤独な群衆』で称えたアメリカ文化の担い手としての中産階級は、アメリカ自身にとっても行き過ぎの市場経済により、著しく地盤沈下してしまったのです。その欠陥システムを世界は押しつけられているのです。

画一化する世界

グローバリズムの中心的イデオロギーである「市場経済」は、社会を少数の勝ち組と大多数の負け組にはっきり分ける仕組みなのです。だからこそ、最近我が国で「失敗してもやり直しのきく社会」「弱者へのいたわり」などのリップサービスが、やたらに唱えられるのです。地方は切り捨てられる仕組みだから、「中央から地方へ」「地方分権」といったリップサービスが躍るのです。

このおかげで失業者と中高年の自殺が急増し、社会には殺伐《さつばつ》とした雰囲気が立ちこめています。金銭至上主義が主流となり、子供たちは「勉強なんかしたって金儲けにつながらない」から、先進国中もっとも勉強せず、もっとも本を読まない、という惨状となりました。丹精をこめて田畑を作っても、規制緩和で入ってくる安い輸入品にはかなわないから、農業に見切りをつける人々が増え、田園はどんどん荒れてきました。グローバリズムの下でのビジネス社会では「国語よりも英語」ということで、日本人としての基礎さえぐらつきはじめています。「祖国とは国語」なのに、です。

このように、経済に発したグローバリズムは、広く社会、文化、教育を腐食させるのです。最大の問題は、グローバリズムが世界をアメリカ化、画一化してしまうことです。これは経済の分野にとどまらず、必然的に文化や社会をも画一化してしまいます。

二十一世紀はローカリズムの時代

グローバリズムがもたらす効率性は、ある意味では素晴らしいことです。世界が同じシステムで動き、効率的・能率的になることは悪いことではない。しかし、この論理をどんどん進めるとどうなるでしょう。

経済的その他の意味で本当に効率的な世界を作りたいのなら、例えば明日生まれてくる赤ちゃんから全員、世界中で英語だけを教えるようにすればいい。そうすると三十年、四十年後には、この世界で外国語の勉強などという骨の折れることをする必要性はまったくなくなります。みんなが英語で意思の疎通が出来る。政治や経済ばかりでなく、あらゆる点で素晴らしく効率的な世界ができあがります。

私に言わせれば、そんな世界になったなら、人間もろとも地球など爆発してなくなった方がよい。もはや人間が生きるに足る価値のある星ではないからです。

能率・効率は素晴らしいかも知れません。しかし各国、各民族、各地方に生まれ美しく花開いた文化や伝統や情緒などは、そんな能率・効率よりも遥かに価値が高いということです。「たかが経済」を、絶対に忘れてはいけません。

チューリップは確かに美しい。しかし、世界をチューリップ一色にしては絶対にいけない。信州に行けば、道端にコスモスが咲いている。千葉に行くと菜の花が一面に広がっている。別の地方に行けばユリの花があって、また別の地方に行けばヒマワリがある。高山に登れば駒草が岩間に顔を出し、浜辺には浜木綿《はまゆう》の白い花が咲いている。これこそが美しい地球です。どんなことがあってもチューリップで統一してはいけない。効率・能率に幻惑されて、画一化を進めては絶対にいけないのです。

そういう意味で、二十一世紀はローカリズムの時代と、私は言っているわけです。世界の各民族、各地方、各国家に生まれた伝統、文化、文学、情緒、形などを、世界中の人々が互いに尊重しあい、それを育てていく。このローカリズムの中核を成すのが、それぞれの国の持っているこうした普遍的価値です。日本人が有する最大の普遍的価値は、美しい情緒と、それが育んだ誇るべき文化や伝統なのです。

②文化と学問の創造

第二に、美しい情緒は文化や学問を作り上げていく上で、最も大事である、ということとです。

岡潔（一九〇一〜一九七八）という大数学者がいます。奈良女子大の教授をしていて、『春宵《しゅんしょう》十話』という随筆集でも有名な数学の天才です。奇行とも言うべきエピソードのたくさんある先生ですが、一風変わった主張の中にしばしば本質的なことが含まれていて、学生時代の私は深い影響を受けたものです。

例えばフランス留学から帰ってきた直後には、「自分の研究の方向は分かった。そのためには、まずは蕉風（芭蕉一派）の俳諧を勉強しなければならない」と、芭蕉の研究に一生懸命に励んだ。数学の独創には情緒が必要と考えたのです。その後、やおら研究にとりかかり、二十年ほどかけて、当時彼の分野で世界の三大難問と言われていたものをすべて独力で解決してしまうという快挙を成し遂げました。毎日、数学の研究にとりかかる前に、一時間お経を唱えていたそうです。

岡先生は一九六〇年に文化勲章を貰いました。陪食《ばいしょく》の席で天皇陛下に、「数学とはどういう学問か」と訊かれた時、「数学とは生命の燃焼です」と答えられたそうです。岡先生は、数学上の発見に関して西洋人はインスピレーション型、日本人は情緒型ともおっしゃっています。

新聞記者からある時、「先生がおっしゃる情緒というのは何ですか」と訊かれ、岡先生は「野に咲く一輪のスミレを美しいと思う心」と答えられました。

私たち数学者にとっては、非常に分り易い話です。野に咲く一輪のスミレ、その可憐《かれん》さに愛情を感じ、その美に感動する。これが数学の研究をする上で重要ということです。

数学をやる上で美的感覚は最も重要です。偏差値よりも知能指数よりも、はるかに重要な資質です。

日本人は独創的

これまで申し上げてきた通り、日本人は美的感覚に恵まれていた。そのおかげで、世界に冠たる文学を作り上げてきた。日本のあらゆる学芸の内でもっとも優れているのは文学です。万葉集の頃からノーベル賞があれば、百以上は堅いはずです。

文学には遠く及びませんが、日本の数学は文学の次と思います。

三年ぐらい前に、医学の分野で毎年ノーベル賞候補になっている偉い先生と対談したことがあります。彼は開口一番、「もし数学にノーベル賞があったら二十は堅いそうですね」とおっしゃいました。

物理や化学や生物でもいくつかノーベル賞が出ていますが、数学はそれよりも凄い。江戸時代には、先ほど言及した関孝和という大天才が出、大正時代にも高木貞治《ていじ》という大天才が出、現在に至るまで凄い数学者が引きも切らず出ています。

よく「日本人には独創性がない」などという評論家や学者がいますが、とんでもないことです。そういうことを言う人自身に独創性がないことだけはよく分かりますが。

文学と数学が特に凄いというのは、日本人の美的情緒がとりわけ秀でているからです。三年ぐらい前にガン学会の特別講演でこの話をいたしましたら、講演の後にガンの研究者たちが来て、「私の方の分野もまったく同じです」と言うんですね。ガンの研究にも美的情緒が最も重要だそうです。ガンと美的情緒とどうつながるのかは素人の私にはよく分かりませんが。

その後、土木学会でも特別講演をしたところ、彼らも同じことを言っていました。したがって私はいま、あらゆる理系の学問において、美的情緒こそ最も重要と確信しております。

③国際人を育てる

美しい情緒が重要な三番目の理由は、情緒が真の国際人を育てるということです。「国際人」と言うと、すぐに「英語」となるのですが、英語と国際人に直接の関係はない。ここで言う国際人とは、世界に出て、人間として敬意を表されるような人のことです。

私は高校の頃、英語に圧倒的な自信があって、各種の模擬試験でもしばしば一番とか二番を取っていました。「俺が日本で一番だ」と信じていました。

ところがアメリカやイギリスへ行ったら、みんな私より英語を上手に話すのでびっくりしました。そのアメリカやイギリスで、国際人と言える人がどのくらいいるかと言えば、一割に満たない。せいぜい数％です。英語がいくら出来ても、国際人どころか、お話にならないような連中が半分くらいです。小学校でどれだけ英語を教えたところで、国際人になれるわけではないということです。

もちろん、英語が出来るに越したことはない。家庭の教育として英語を教えるのは全然構わない。我が家も一年間英国で暮らして帰国した後、せっかく覚えた英語を忘れないよう、子供たちに週に一回、英国人の家庭教師を付けていました。

それは家庭の方針としてスイミングスクールに通わせたり、ピアノのレッスンを受けさせたりするのと同じです。課外教育では、各家庭の価値観により何を習わせてもよい。しかし、公立小学校のカリキュラムに英語を入れてはいけないのです。

日本人の英語下手の理由

そもそも小学校で英語を二、三時間勉強しても、何の足しにもなりません。きちんとした教師の下、週に十時間も勉強すれば少しは上達しますが、そんなことをしたら英語より遥かに重要な国語や算数がおろそかになります。そのような教育を中高でも続ければ、英語の実力がアメリカ人の五割、日本語の実力が日本人の五割という人間になります。このような人間は、アメリカでも日本でも使い物になりません。

少なくとも一つの言語で十割の力がないと、人間としてのまともな思考ができません。言語と思考はほとんど同じものだからです。日本の公立小学校は一人前の日本人を作る教育機関ですから、英語はダメなのです。

日本人が英語下手なのは、小学校から教えないからでも、中高の英語教師のせいでもありません。主な理由は二つあり、一つは英語と日本語があまりに異なることです。アメリカ人にとって、日本語とアラビア語は最も難しい外国語とされています。日本人にとって英語が難しいわけです。もう一つは、日本に住む日本人は、日常生活で英語を何ら必要としないからです。母国語だけで済むというのは植民地にならなかったことの証で、むしろ名誉なことです。TOEFLのテストで日本がアジアでビリ、というのは先人の努力に感謝すべき、誇るべきことなのです。

外国語は関係ない

真の国際人には外国語は関係ない。例えば明治初年の頃、多くの日本人が海外に留学しました。彼らの殆どが下級武士の息子でした。福沢諭吉、新渡戸稲造、内村鑑三、岡倉天心と、みな下級武士の息子です。

彼らの多くは、欧米に出向いていって、賞賛を受けて帰って来る。海を渡る前、おそらく彼らは、西欧のエチケットはほとんど知らなかったはずです。レディー・ファーストやフォークとナイフの使い方もよく知らないし、シェイクスピアやディケンズも読んでいない。世界史も世界地理もよく知らなかった。福沢、新渡戸、内村、岡倉などは例外ですが、多くは肝心の英語さえままならなかったはずです。だけど尊敬されて帰って来た。

彼らの身につけていたものは何か。まず日本の古典をきちんと読んでいた。それから漢籍、すなわち漢文をよく読んでいた。そして武士道精神をしっかり身に付けていた。この三つで尊敬されて帰って来たのです。美しい情緒と形で武装していたわけです。

いま海外に百万人近い日本人が住んでいますが、その中のどれぐらいの人が尊敬されているでしょうか。羨望はされても尊敬されている人は非常に少ないのではないでしょうか。

国際社会というのはオーケストラみたいなものです。オーケストラには、例えば弦楽器ならヴァイオリンとヴィオラとチェロとコントラバスがある。だからといって、ヴァイオリンとヴィオラとチェロとコントラバスを合わせたような音色の楽器を作って、オーケストラに参加しようとしても、必ず断られる。オーケストラはそんな楽器は必要としないからです。ヴァイオリンはヴァイオリンのように鳴ってはじめて価値がある。日本人は日本人のように思い、考え、行動して初めて国際社会の場で価値を持つ。ガーナ人はガーナ人のように思い、考え、行動して初めて価値があるということです。

外国語よりも読書を

私がことあるごとに「外国語にかまけるな」「若い時こそ名作を読め」と言っているのは、私自身の取り返しのつかない過去への悔恨もあるからです。小中学校では古典的名作をだいぶ読みましたが、大学、大学院、若手研究者の時代には数学に没頭していたから殆ど読めず、名作に戻ったのは三十代後半からです。無論、大量に読む時間的余裕はなかったし、若者特有の感性もかなり失っています。若い時に感動の涙とともに読むのが何と言っても理想です。情緒や形を育てる主力は読書なのです。

社会に出てからは、すぐに読むべき本が多すぎて、名作にはなかなか手が伸びない。心理的余裕もない。名作は学生時代に読まないと一生読めないと考えた方がよい。なのに私は、余暇を外国語などにうつつを抜かして、その機会を失ってしまったのです。英語ばかりでなく、中学、高校とドイツ語やフランス語にも精を出し、大学以降はロシア語、スペイン語、ポルトガル語にまで手を出したのです。恥ずかしいことに、外国語オタクだったのです。高校時代に買った『チボー家の人々』全五巻、大学時代に買った『戦争と平和』、谷崎潤一郎訳の『源氏物語』全十巻は今も本棚を飾っており、目にするたびに「まだ読まないね」と私を見下します。

もちろん語学だって出来ないよりは出来た方が遥かに良い。しかし、読書によって培《つちか》われる情緒や形や教養はそれとは比較にならぬほど大事なのです。

④人間のスケールを大きくする

情緒と形が大切な四番目の理由は、美しい情緒や形は「人間としてのスケールを大きくする」ということです。

欧米人のように「論理的にきちんとしていればよい」「筋道が立っていればよい」という考えは、今まで述べてきた通り、誤りです。万人の認める公理から出発する数学とは違い、俗世に万人の認める公理はありませんから、論理を展開するためには自ら出発点を定めることが必要で、これを選ぶ能力はその人の情緒や形にかかっています。論理が非常に重要なのは言うまでもありませんが、それは世界中の人が声高に言っているから、私はわざわざ言いません。しかし、この出発点を選ぶ情緒や形の重要性については、世界中誰一人言っていないようなので、私が声高に言うのです。これは論理と同等、またはそれ以上に重要です。

総合判断力を上げる

出発点を適切に選ぶということは、総合判断力が高まるということです。学校を卒業して社会に出ると、人はいろいろな点で評価されますが、評価対象としてもっとも重要なのは総合判断力と思います。

実社会では普通、誰の言うことも一応、論理的には筋が通っているものです。メチャクチャなことを言うのはよほどのオカシイ人だけ。まあ、そういう人もけっこういますが、普通の人の言うことなら一応、論理的な筋だけは通っている。

そうした「論理的に正しい」ものがゴロゴロある中から、どれを選ぶか。その能力がその人の総合判断力です。それにはいかに適切に出発点を選択できるか、が勝負です。別の言い方をすれば「情緒力」なのです。

もちろん世界中の人間の脳の九九％は、利害得失で占められています。私も偉そうなことを言い続けていますが、いつも利害得失を考えています。

ただ、人間が利害得失にこだわるということは、もう仕方のないことです。人間には生存本能というものがあって、利害得失で動くよう遺伝子レベルで組み込まれているのですから。しかし、残りの一％を何で埋めるか、これが非常に重要なのです。

食糧自給率再考

たとえば食糧自給率を考えてみます。脳の一〇〇％が利害得失で占められている人は、当然、経済原理でものを考えます。この狭い日本で農業を振興するのはバカげている。

アメリカや中国などから安い食糧をどんどん輸入すれば、国内で生産するより遥かに効率がよい。そもそもＷＴＯが農産物を自由貿易の枠組みに入れようとしている。工業品で自由貿易の恩恵にあずかりながら、農産物で反対というのは勝手だ、農民はより効率のよい産業に転業させよう、そうすれば消費者は喜ぶし、国全体としてはますます繁栄する。こう考えます。

他方、もののあわれという情緒を強く持つ人は、まったく別のことを考えます。農家を潰しては田畑が荒れ果ててしまう。美しい田園こそは、わが国の誇る美しい情緒やそれから生まれた文化や伝統の源泉だ。経済的利益などとは比べられないものだ。何としてでも農家を守らねばと考え、自給率の向上を唱えるでしょう。

もののあわれとか美的感受性とか惻隠の情、こういうものがあるかどうかで、その人の総合判断力はまったく違ってくる。人間の器が違ってくるのです。

⑤「人間中心主義」を抑制する

五番目は、欧米の世界支配とともに世界を覆った「人間中心主義」を、情緒や形が抑制してくれることです。

「人間の命は地球より重い」などという言葉が垂れ流されていますが、本当は人間の命など吹けば飛ぶようなものです。果てしない宇宙の一点、真っ暗闇の中の一瞬の閃光《せんこう》のごときものです。かくも軽く儚《はかな》いものだからこそ大事にしよう、というのが正しい見方です。

自分を愛してくれているおじいちゃんおばあちゃんが、父や母が、交通事故で、心筋梗塞で、ガンで、アッという間に死んでいく。だからこそ、この一瞬の生を大事にして愛し合う。これが本来の姿です。「人間の命は地球より重い」というのは、人間中心主義から生まれた偽善のレトリックと思います。

人間中心主義というのは欧米の思想です。欧米で育まれた論理や合理は確かに大事です。しかし、その裏側には拭いがたく「人間の傲慢」が張り付いています。

美しい情緒はこうした人間の傲慢を抑制し、謙虚さを教えてくれる。「人間は偉大なる自然のほんの一部に過ぎない」ということを分からせてくれる。環境問題のことなどを考えると、こうした謙虚さはこれからどんどん重要になっていきます。

それだけではありません。現代人の感じるそこはかとない閉塞感、社会に漂う虚脱感には、人間中心主義により人間が自然と対立関係に陥ったという事実が深く影響しているような気がします。この対立により、美しい情緒をなくしたことが精神の安定を傷つけていると思うのです。美しい情緒は、ささくれ立った心を癒し、暗く沈んだ心に力を与えてくれます。心の安定化装置のような役割もするのです。

⑥「戦争をなくす手段」になる

最後の六番目は、美しい情緒は「戦争をなくす手段」になるということです。論理や合理だけでは戦争を止めることは出来ません。これは歴史的に証明されております。古今東西、いかなる戦争においても、当事者の双方に理屈がありました。自己を正当化するために、論理はいくらでも作り出せます。出発点の選び方によって、いかような論理を組み立てることも可能だからです。実際、歴史を振り返ると、論理とは「自己正当化のための便利な道具」でしかなかったことを思い知らされます。

人間が時代とともにどんどん賢くなれば、戦争はいつかやめることができます。しかし、人間としての賢さとか知恵は、そのまま後の世代に残りません。だから英国の歴史家トインビーが「人間とは歴史に学ばない生き物である」と皮肉ったのです。

情緒力は蓄積しない

みなさんと、みなさんのおじいちゃんおばあちゃん、どちらが賢いでしょうか。ケース・バイ・ケースと思います。では情緒力はどうでしょうか。これも賢さのように蓄積していきません。おじいちゃんおばあちゃんにかなわないケースも多いのではないでしょうか。

知識や技術なら時代とともに蓄積していきます。私はニュートンの解けなかった数学の問題を、鼻をほじくりながらあっという間に解いてしまいます。これはもちろん、私の方が頭が良いからじゃありません。私が数学的知識でニュートンを圧倒しているから・です。

このように知識や技術は蓄積する。しかし、人間としての賢さとか情緒力は一代限りです。したがって、論理と合理のみに頼っている限りは、歴史的に証明されたごとく、戦争をやめることはできません。

人類の当面の目標

人類の究極の目標が何かということは、私にはよく分かりません。自然科学者に訊くと、「真理の解明」と言う人が多い。

私も「真理が解明されればいいなあ」とは思います。死んだ後どうなるのか、宇宙の果てはどうなっているのか、宇宙の出来る前はどうなっていたのか。脳の働きはどうなっているのか。何もかも分かればいいなあと思います。しかし、真理の解明が人類の究極の目標かどうかはよく分かりません。

当面の目標ならはっきりしています。これは「二度と大戦争を起こさない。大戦争に巻き込まれない」ということです。大戦争が起きれば、何もかもお終いです。どうにかしてこれを防がねばならない。

何度も申し上げた通り、論理や合理だけでは戦争は防げません。日本人の持っているこの美しい情緒や形が、戦争を阻止する有力な手だてとなります。

日本の神聖なる使命

卑怯を憎む心があれば、弱小国に侵攻することをためらいます。惻隠の情があれば、女、子供、老人しかいない街に大空襲を加えたり、原爆を落としたりするのをためらいます。占領した敗戦国の文化、伝統、歴史を粉々にしてしまうようなこともためらいます。

美的感受性があれば、戦争がすべてを醜悪にしてしまうことを知っていますから、どんな理由があろうとためらいます。故郷を懐かしみ涙を流すような人は、他国の人々の同じ想いをもよく理解できますから、戦争を始めることをためらいます。

欧米人の精神構造は「対立」に基づいています。彼らにとって自然は、人間の幸福のために征服すべき対象であり、他の宗教や異質な価値観は排除すべきものです。これに反して、日本人にとって自然は神であり、人間はその一部として一体化しています。この自然観の違いが、欧米人と日本人の間に本質的差違を作っています。日本人は自然に調和して生きてきましたから、異質の価値観や宗教を、禁教令のあった時期を除き、頑《かたく》なに排除するということはしませんでした。それをいったん受け入れたうえで、日本的なものに変えて調和させてきました。

精神に「対立」が宿る限り、戦争をはじめとする争いは絶え間なく続きます。日本人の美しい情緒の源にある「自然との調和」も、戦争廃絶という人類の悲願への鍵となるものです。

日本人はこれらを世界に発信しなければなりません。欧米をはじめとした、未だ啓《ひら》かれていない人々に、本質とは何かを教えなければいけません。それこそが、「日本の神聖なる使命」なのです。

第七章　国家の品格

「国家の品格」の喪失

戦後の日本は一貫して高い経済成長を遂げてきました。そして我々の暮らしは非常に豊かになった。これが歴史上まれなサクセス・ストーリーであったことは間違いありません。そこに異を唱えるつもりはない。

しかし、繁栄の代償に失ったものは、あまりにも大きかった。「国家の品格」が格段に失墜《しっつい》したからです。

日本が国家の品格を取り戻すために、我々は何から手をつけ、何をしたらよいのでしょうか。最後の章では、この問題について考えてみたいと思います。

算数はアメリカと同レベルに

最近、アメリカ人と結婚してテキサス州に五十年余り住んでいる日本女性と会ったのですが、とても興味深い話を聞きました。

昔から、日本企業の駐在員の子供たちは、学校に通い始めた当初は英語がぜんぜん出来ずコンプレックスを感じる。しかし、算数だけは必ず一番になるので、それを支えにどうにか劣等感に耐えた。アメリカ人の子供たちも、日本人が転校してくると、「ラッキー」と喜んだ。算数の宿題をささっと手伝ってくれるからです。

ところがここにきて、日本人の子供たちの算数能力がアメリカ人に並ばれてしまったと言うんです。要するに、日本の算数レベルがアメリカと同レベルにまで落ち込んでしまった。「一体どうしたらいいんでしょう?」と、アメリカ国籍を取りながらも熱い祖国愛を捨てないこの女性は暗い表情で私の顔をのぞきこみました。

私がアメリカの大学で教えていた頃は、向こうの州立大学一年生の数学レベルは理系で日本の高校二年生の一学期程度、文系で中三程度でした。それがここ二十年にわたる「ゆとり教育」の徹底で、少なくとも小学生段階の算数では同レベルになってしまった。

アメリカの大学院へ留学する日本人学生に対する彼らの目も、近頃、だいぶ厳しくなってきました。

国家の底力と数学

学校数学がアメリカに並ばれたというのは、私には恐ろしいことに思えます。初等中等教育が十分に機能しなくてもどうにかなる国は、世界中でアメリカだけです。アメリカの桁違いの富に惹かれて、世界の天才秀才が研究者や技術者としてやってきますから、アメリカ生まれの人々が低迷していても、国力が衰えるということはまずありません。

初等中等教育が崩れると、当然、高等教育も落ち込みます。実際、多くの理工系大学院では、かなり以前からアメリカ人の比率が五割を大きく割っています。アメリカ人と中国人が四分の一ずつ、などというところもあります。それでも、最優秀の留学生はアメリカの大学や研究所、企業がそのまま高給で確保してしまいますから、アメリカは安泰なのです。

一方、日本のような狭い国土と乏しい資源の国は、初等中等教育が命綱です。国民の高い知的水準が日本の繁栄の原動力であったし、これからもそうだからです。それに、他国の天才秀才はなかなか日本に来てくれませんから、自前で頭脳を作らねばならないのです。小中学校生徒の学力がアメリカと同レベルでは話にならない。特に数学や算数で並ばれたというのは、由々しいことです。というのは、数学や理論物理学のレベルは、実はその国の総合的な力にも深く関係しているからです。

どんな国でも経済的に発展する場合、常に工業の発展がベースとなります。金融やサービスによる繁栄は、偽《にせ》の繁栄であり長続きしません。どの国でも、多少の才覚さえあれば、すぐに真似ることができるからです。一方、工業が発展するには、高い質の労働者の他に、それを支える基礎力としての数学や理論物理が強くないとうまくいきません。工業やエンジニアリング、テクノロジーなどは言わば「風下」にあたるわけですが、風上にあたる数学や理論物理のレベルが高くないと、長期的な発展は望み得ない。

数学や理論物理がよいと長期的に経済発展する、と言っているのではありません。イギリスや旧ソ連のような反例があります。私が申しましたのは、長期的に経済発展する国は必ず数学や理論物理がよい、ということです。これには歴史上、反例がありません。

すなわち、長期的な繁栄を願うなら、強力な数学や理論物理を維持しないとダメということです。

ブラジルの世紀？

私がやっている数学なんて、直接的には何の役にも立たない。ひょっとしたら五百年後くらいなら役に立つかもしれないけれど、現段階ではそれすら分からない。それでも、こうした「すぐ役に立たないこと」を命がけでやっている人の層が厚いということが、国家の底力と思うのです。

ですから、一国の将来を予測する時、私はいつも、「数学や理論物理のレベルは高いか。その指標としての天才が出ているか」を見ています。それを見ると、二十年後にどの国が伸びてくるか、尊敬される国になってくるか、よく分かります。

私の評価とその時点での経済界やマスコミの評価とはしばしば一致しない。彼らは過去数年間のＧＤＰの伸びだけを見て判断するからです。それらを見るたびに首を傾げてしまいます。

私がアメリカの大学にいた七〇年代前半、「二十世紀のうちに、ブラジルが日本とドイツを追い越す」と言われていました。当時ブラジルの産業発達がめざましかったのを見て、人的資源と自然資源に恵まれたこの国が、奇跡の復興を成し遂げた日本とドイツを二十年余りのうちに追い越すだろうと言うのです。特集記事として『ニューズウィーク』誌の表紙を大きく飾ることまでありました。それを見て私は、同僚の数学者たちに笑いながら言いました。「そんなことになりっこない」と。

当時のブラジルの数学など、取るに足らないものでした。純粋数学のような、すぐ役に立たないものに優秀な人材が命をかけて取り組んでいるような国だけが、結局は伸びる。国家にそのような厚みと余裕がないと、長期的な発展はあり得ない。その頃から私はそう思っていたのです。少なくとも、ブラジルに関する限り、私の予想の方が当たったようです。

付け加えますと、最近のブラジル数学はだいぶよくなりましたから、これからが楽しみです。

天才の出る風土

国の底力の指標としての天才の話が出ましたが、それではどんな条件が揃うと天才が生まれるのでしょうか。

かつて私は『天才の栄光と挫折』（新潮選書）、『心は孤独な数学者』（新潮文庫）という二冊の本の中で、天才数学者たちの生涯を描きました。彼らの生まれ育った土壌を体験するため、それぞれの故郷を訪ね歩きました。

その時、「天才はどういうところで生まれるのだろうか」と疑問に思い、考えてみました。面白いことに、天才は人口に比例してあちこちから出現しているわけではありません。一定の国、一定の地域からしか生まれていない。

例えばアイルランドという国は、ハミルトン（一八〇五〜一八六五）という数学の大天才を生み出していますが、文学の面でもきら星のごとき天才にこと欠きません。ジョナサン・スウィフト、オスカー・ワイルド、ウィリアム・イェイツ、ジェームズ・ジョイス、サミュエル・ベケット……。世界文学の古典となるような作品を書いた作家をごろごろ生み出している。

ところが、このアイルランドという国の人口は、四百万人にも満たない。日本で言えば静岡県くらいの規模の国です。ここから大天才がどんどん生まれてくる。これはとても不思議でした。

それで、多くの天才を調べてみると、天才を生む土壌には三つの共通点があることに気づいたのです。

第一条件「美の存在」

その第一は、「美の存在」です。美の存在しない土地に天才は、特に数学の天才は生まれません。

イギリスは天才が輩出する国ですが、その田園風景は実に美しいものです。ケンブリッジ大学やオックスフォード大学など、古色蒼然たる建物が、一年を通してみずみずしい緑の芝生に映える姿は夢のようです。アイルランドも、エメラルドの島と言われたほどの緑と、雄大で幻想的な自然美があります。

問題はインドです。高卒の大天才ラマヌジャン（一八八七〜一九二〇）について調べるため、一九九〇年代、初めてインドへ行きました。行ってみて、本当にびっくりしました。とにかく汚い。マドラスへ行ってもボンベイ（ムンバイ）へ行ってもカルカッタへ行っても、街がすさまじく汚い。寺院も観光しましたが、美的情緒を刺激されるようなことは一度もなかった。

私は散歩が好きなので、マドラスに行く前、現地に駐在経験のある商社マンに「散歩するのにいいところはありますか」と訊いたのです。すると彼は「いや、散歩なんかする気にならないですよ。治安は悪くないのですが」と言う。「そんなことはありえない。歩くのが好きな私が、初めての国へ行ってホテルにじっとしているなんてありえない。夕方涼しくなったら一時間くらいは散歩してやろう」と内心思っていました。そして実際に繰り出したのですが、とんでもない誤算でした。

インドで見つけた美

二月の夕暮れと言っても気温は三十度以上。歩道は足の踏み場に気をつかうほどの不潔。道路では車やバイク、リクシャー（自転車の引く人力車）が恐ろしい騒音と埃《ほこり》の中でレースを展開中。その間を縫うように牛、イヌ、山羊《やぎ》が道路を横切る。排気ガス規制はないのか、空気を吸うのがつらいくらい。至る所に浮浪者がごろごろしている。「いやはや、大変なところに来てしまった」と、十分もたたないうちにほうほうの体《てい》でホテルに逃げ帰りました。クタクタでした。

どこにも美しいものがない。困りました。「数学では美的情緒がもっとも大切」「若い時に美に触れることは決定的に重要」などと言ったり書いたりしていながら、あれほど美しい公式を、インドの地で三千五百以上も発見したラマヌジャンにはあてはまらないことになる。彼は二十代の前半をマドラスで過ごしているのです。私の説に対する余りにも劇的な反例です。

それがずっと頭を離れませんでした。数年後に、覚悟を固めて二度目の訪印をしました。最初の訪問の時は、度肝を抜かれて逃げ帰ったような状態で、ラマヌジャンの故郷までは行かなかったのです。

マドラスから南へ二百数十キロ、運転手を雇い六、七時間もかけてガタゴト走り、ラマヌジャンが育ったクンバコナムという田舎町に着きました。びっくりしました。その周辺に、恐ろしく美しい寺院がいくつもあるのです。寒村にまでとてつもなく豪壮な美しい寺院がある。

数学の定理と壮麗な寺院

聞いてみると、九世紀から十三世紀にかけて、このあたりにはチョーラ王朝というのがあって、この富裕な王朝の歴代の王様たちがかなり変わっていて、金に糸目を付けずに、競うように美しい寺院を造りまくったのです。

クンバコナム近くのタンジャブールで見たブリハディシュワラ寺院は、本当に息を呑むほどに壮麗でした。この寺院を見た時、私は直感的にこう思いました。「あっ、ラマヌジャンの公式のような美しさだ」と。

ラマヌジャンは「我々の百倍頭が良い」というタイプの天才ではありません。「なぜそんなことを思いつくのか見当もつかない」というタイプの天才なのです。

アインシュタインの特殊相対性理論は、アインシュタインがいなくても二年以内に誰かが発見しただろうと言われています。数学や自然科学の発見の殆どすべてには、ある種の必然性が感じられます。ところがラマヌジャンの公式群は、圧倒的に美しいのに、必然性がまるで分からないのです。

高卒だったラマヌジャンは、「夢の中で女神ナーマギリが教えてくれる」と言って、次々に定理や公式を発見しました。ついにはケンブリッジ大学に招かれ、第一次大戦下のイギリスでいくつもの画期的論文を発表しました。招聘《しょうへい》してくれたハーディー教授の研究室に、毎朝半ダースの新しい定理を持参したと言われます。不愉快な人です。

高等教育を受けていない彼は、定理を「証明する」ことに興味がありませんでした。彼の死後、異様に美しい定理が証明されないまま、たくさん残されました。多くの数学者がその後、ラマヌジャンの定理の証明に取り組みましたが、南インドにいた頃、すなわち二十六歳の時までに発見した定理の証明がやっと完成したのは、一九九七年のことで、五巻本として出版されました。

このクンバコナムの周辺からは、ラマヌジャン以外にも天才が出ています。二十世紀最大の天体物理学者と言われ、ノーベル賞ももらったチャンドラセカールや、「ラマン効果」で知られる物理学者でやはりノーベル賞受賞者でもあるラマンもこの辺りです。

三人とも半径三十キロの円に入るくらいの小さな地域の出身です。近代になって、インドの他の地方からこの三人の誰かに匹敵するような数学者や科学者は一人も出ていません。天才の出る地には明らかな偏りがあるのです。

その土地に存在する美が、天才と深い関係にあるのは間違いないと思います。この半径三十キロの円は、天才を生む土壌を考える際の、決定的とも言える舞台と思うのです。

第二条件「跪く心」

第二の条件は、「何かに跪《ひざまず》く心」があるということです。

日本の場合は神や仏、あるいは偉大な自然に跪きます。南インドはヒンドゥー教のメッカのような場所であり、人々はヒンドゥーの神々に跪いています。ラマヌジャンの母親は、息子を毎夕、歩いて数分のサーランガーパニ寺院へお祈りに連れて行ったほどです。ニュートン（一六四二～一七二七）の頃のイギリス人は神に跪いていた。実際、ニュートン自身も敬虔なキリスト教徒であり、聖書の研究も熱心にやっていました。

今のイギリス人について言えば、信心深い人というのはどちらかと言うと珍しい。しかし、イギリスからはノーベル賞受賞者が今でもたくさん出ています。彼等は何に跪いているのか。伝統に跪いています。最初に述べましたケンブリッジ大学のディナーはその例です。三百五十年前と同じ部屋で同じ黒マントを着て暗いロウソクのもとで食べるのです。伝統は何より大切なのです。千五百年以上も続いた天皇の万世一系を、男女平等などという理屈で捨てようとする軽挙は、イギリス人には想像もできないのです。

「ニュー・ユニバーシティー」

十年ほど前にはこんなことがありました。南アフリカの反アパルトヘイトの闘士、ネルソン・マンデラ大統領がイギリスに来ることになった。その際に、いくつもの大学がマンデラに名誉博士号を授与したいと名乗り出ました。どの大学が最初にこの英雄に名誉博士号を与えるかを巡り、イギリス中の大学が喧嘩になりました。どの大学も名誉博士号授与第一号の栄誉に浴したい、と思ったのです。

イギリスだけで十近くの大学が手を挙げた。どこも譲ろうとしなかったのですが、結局、「オックスフォードとケンブリッジは別格だから、ナンバーワンはどちらかに」ということになった。今度はオックスフォードとケンブリッジという両横綱の戦いの様相を呈してきた。

どちらも譲らない。最後は何で決着がついたかというと、創立された年の差でした。オックスフォードが一二四九年、ケンブリッジが一二八四年と、三十五年の差があったのです。そこでケンブリッジも最後は、「仕方ない」と折れました。

イギリスの場合はこのように、伝統が一番重要なわけです。だからオックスフォードの学生は、三十五年分だけ伝統の少ないケンブリッジを「ニュー・ユニバーシティー」と呼んでからかったりするのです。誰もが伝統に額ずいている。

第三条件「精神性を尊ぶ風土」

第三の条件は、「精神性を尊ぶ風土」です。役に立たないことをも尊ぶという風土です。文学、芸術、宗教など、直接に役に立たないことをも重んじる。金銭や世俗的なものを低く見る。そういう風土です。

イギリスの紳士階級の人々は、一般にそうです。金銭を低く見る。ロンドンのシティに務める金融マンの中には、たたき上げで金持ちになっている者がかなりいます。それでも彼等は尊敬はされません。いくら大金持ちになったところで同じです。

これだからイギリスは、科学が発展しているわりに経済がかんばしくないのだと思います。しかし、上に立つ人々が金銭を低く見て、精神性を重んずると、たとえ経済はさほど振るわなくとも、それより遥かに大切な国家の品格が保たれ、世界の尊敬を受けることができるのです。

カースト制度と天才

ラマヌジャンの場合は、カースト制度が彼の天才性を育んだとも言えます。

ラマヌジャンはカースト制度の最上層に位置する「バラモン」に属していました。バラモンはもともと祭司や僧侶階層だったわけですが、現在では医者や学者などのかなりの部分を、数%しかいないバラモンが占めるようになっています。

バラモンは精神性を尊び、お金を低く見る。だから、カーストのトップに位置していても、貧しい者はいくらでもいます。ラマヌジャンの家もものすごい貧乏で、お母さんが近所にお米を恵んでもらいに行くほどでした。

ただ、ものを恵んでもらうにしても、乞食の態度とは大分違います。傲慢なのです。「オレはいつも非常に精神性の高いことを考え生活している。だからお前はオレに米を恵む義務がある」くらいの態度です。「すみませんが、お金がないので少しわけて頂けませんか？」という感じではありません。

こうしたバラモンの比率がインドで最も高い地域が、ラマヌジャンを生んだタミル・ナドゥ州周辺だそうです。お寺の数もインドの他の地域より多い。当然、信心深い。神の前に跪き、精神性を何より大切にする風土です。ヒンドゥーのメッカと呼ばれるゆえんです。

これがあったからラマヌジャンは、十七歳から二十三歳までの六年間、働きもせず、いつ職につけるとの当てもないまま、明けても暮れても数学に打ち込むことができたのです。赤貧洗うがごとき生活の中で、両親を始め誰一人、「この穀潰《ごくつぶ》し！　ちっとは働いて金でも稼いだらどうだ」などとは言わなかったのです。

三条件を満たしている日本

それでは日本はどうでしょうか。この三つの条件を見事に満たしています。まず、日本には美しい自然がある。第二に、神や仏や自然に跪く心がある。それから三番目に、役に立つものとか金銭を低く見る風土がある。

武士道は正にそうです。だから「武士は食わねど高楊枝」で我慢していたわけです。室町末期に日本に来たザビエルがこう書いています。「日本人は貧しいことを恥ずかしがらない。武士は町人より貧しいのに尊敬されている」。ヨーロッパ人の感覚では特筆すべきことなのでしょう。貧富と貴賤は無関係、というのは今も日本に残る美風です。

このように「天才を生む土壌」の伝統は長く続いています。江戸時代を考えてみても、例えば識字率は世界最高だった。江戸時代末期の識字率がだいたい五〇%と言われています。寺子屋が全国に無数にあったおかげです。江戸だけでも千数百校と言われています。ところが当時は、もっとも近代的なロンドンでも識字率二〇%程度です。ヨーロッパの田舎に行ったら数%の世界。特別な人しか字が読めなかった。

明治初期に来日したロシア人メーチニコフは『回想の明治維新』で、「読み書きの能力など、日本人のすべての国民にとって、あって当たり前と考えられている」「書かれた言葉を愛好する習性が、ヨーロッパでは見たこともないほど広まっている」と目を見張っています。

国の底力

識字率が高いということは、読書文化が発達しているということです。金儲けにはまったく役に立たない読書に、国民は愉しみを見出していたのです。このような「天才を生む土壌」を背景に、文化の花が咲きました。元禄の頃には数学で関孝和、建部《たけべ》賢弘《かたひろ》、文学で松尾芭蕉、井原西鶴、近松門左衛門など大天才が輩出しました。

日本というのはそれほど素晴らしい土壌を持っていた。この土壌こそが実は国の底力なのです。江戸を見れば、明治以降の目の覚めるような近代化は必然だったのです。アジアやアフリカの国々は、近代化にあたり日本の明治維新を真似ようとしましたが、うまくいきませんでした。明治維新後の日本の驚異的発展は、体制や政治が良かったというより、驚異的底力によるものと思うのです。

数学や文学や芸術活動などがどれくらい盛んかを見れば、その国の底力がわかってしまう。一般には、そんな見方はされません。「ここ十年の経済発展が著しいから、これからはこの国が凄い」という素朴な議論が主流です。そんな言葉を新聞やテレビで聞かされても、眉唾に思えてならないのです。

「国際貢献」を考え直す

いま、国際貢献などと言って、イラクに戦えない軍隊を送っています。とても賛成する気にはなれません。

なぜなら、そんなことをしても誰も日本を尊敬してはくれないからです。「アメリカの属国だからアメリカの言いなりになっているだけ」と思われるのがせいぜいでしょう。それに自衛隊員が気の毒です。世界でもっとも危険な地へ行かされながら、重武装は認められず、オランダ軍など他国の軍隊に守ってもらう、という屈辱的立場に置かれているのですから。

そもそも今のアメリカに、手前勝手なナショナリズムはあっても「品格」はありません。九・一一のテロでかき消されてしまいましたが、京都議定書の批准《ひじゅん》も拒否、国際人道裁判所の設置にも反対、そして自分の言いなりにならない国連に対しては分担金を滞納さえするのです。日本は、アメリカの鼻息をうかがい、「国際貢献」などというみみっちいことを考える必要はまったくないのです。本気で世界に貢献したいのなら、「イラクの復興は、イスラム教にどんなわだかまりもない日本がすべて引き受けよう。そのために自衛隊を十万人と民間人を一万人送るから、他国の軍隊はすべて出て行け」くらいのことを言えなければなりません。

世界に向かって大声を上げる胆力もなく、おどおどと周囲の顔色をうかがいながら、最小の犠牲でお茶を濁す、という屈辱的な態度なら、国際貢献など端《はな》から忘れた方がよいのです。そんなことに頭を使うより、日本は正々堂々と、経済成長を犠牲にしてでも品格ある国家を目指すべきです。そうなること自体が最大の国際貢献と言えるのです。品格ある国家、というすべての国家の目指すものを先んじて実現することは、人類の夢への水先案内人となることだからです。

また、国家の品格というのは、それ自体が防衛力でもあります。日本が開国した当時、イギリスにせよアメリカにせよ、本気で植民地化しようと思えば出来たはずです。しかしイギリス人たちは江戸の町に来て、町人があちこちで本を立ち読みしている姿を目《ま》の当たりにして、「とてもこの国は植民地には出来ない」と、諦《あきら》めてしまったのです。

中国は全体を植民地化するには大きすぎた。そこで帝国主義国家が利権を分け合った。タイはビルマ（ミャンマー）を有するイギリスと、インドシナ（ベトナム、ラオス、カンボジア）を有するフランスの間の緩衝材《かんしょうざい》として植民地にならなかった。しかし、他のアジアの国は全部植民地になりました。

日本は品格ある国家であったが故に、植民地にならずに済んだのです。このように、文化度が高いこと、あるいは国家に品格があるということは、防衛力にもなるということです。

日本は「異常な国」であれ

よく政治家が、「日本はもっと普通の国になるべきだ」などと言います。しかし、その「普通の国」が意味するところは、大抵の場合「アメリカみたいな国」に過ぎません。

私の意見は逆です。日本は有史以来、ずっと「異常な国」なのです。遠くの国はもちろん、近隣の国ともまるで異なる国でした。これからも「異常な国」であり続けるべきと思います。

日本の歴史を振り返ってみて下さい。先に、五世紀から十五世紀にかけての千年間について、日本の文学が全ヨーロッパの文学を凌駕した、と申しました。江戸時代二百六十年にわたり、ほとんど他国に例を見ない長期の平和を実現し、文化芸術の花を咲かせました。きちんとした統計は無論ありませんが、恐らく識字率も断然世界一だったでしょう。鎖国の後、明治になるといきなり近代化に乗り出して、たった三十七年で世界最大の陸軍国ロシアをやっつけてしまった。第二次大戦前には、すでに世界最大の海軍国の一つになっていた。

戦後は廃墟の中から立ち上がり、アッという間に世界第二位の経済大国にのし上がりました。最近は不況が続いていますが、それでもなお世界第二位の地位を保ち、世界最大の債権国でもあります。

十年以上の不況が続いてなお、ヨーロッパのどの一国、アジアのどの一国と比べても、比較にならないほどの経済大国として存在しているわけです。この資源も何もない小さな島国がなぜ、これほど著しい実績を残してきたのか、これほど異常であったのか。よくよく考えないといけません。

大雑把に言うと、日本人が持っていた「国柄」が素晴らしいものだったからです。世界に冠たる国柄を持っていたのです。

『文明の衝突』を書いたアメリカの国際政治学者サミュエル・ハンチントンは、世界の八大文明の一つとして日本文明を挙げています。日本が世界のどの国とも本質的に違う、独自な文化文明を作り上げてきたからです。先人の作り上げた日本文明の非常に優れた独自性を、どうにかして守り続けるのが、子孫である我々の義務と思います。

「神の見えざる手」は問題を解決しない

市場原理が猛威をふるっています。各自が利己的に利潤を追求していれば、「神の見えざる手」に導かれ、社会は全体として調和し豊かになる、というものです。自由競争こそがすばらしい、国家が規制したりせず自由に放任する、すなわち市場にまかせるのが一番よい、というものです。これは、アダム・スミスが『国富論』で示唆し、続く古典派経済学者たちが完成させた理論です。これがあっては、現代に生きる人々が金銭至上主義になるのは仕方ありません。金銭亡者になることが社会への貢献になるのですから。

呆れるほどの暴論です。各自の利己的な利潤追求を自由に放任していたら、ゴミ問題一つ解決しないのです。福祉はどうなるのでしょう。必然的に弱者や敗者が大量に発生しますが、誰が救済するのでしょう。「神の見えざる手」が何一つ解決してくれないことは、アダム・スミス以来の、戦争、植民地獲得、恐慌に明け暮れた二世紀が充分以上に証明しています。

イギリスの経済学者ケインズが、これを一九三〇年代になって初めて批判しました。当然です。それまで正面から批判する者のいなかったことの方が驚きです。ケインズは、国家が公共投資などで需要を作り出すことの重要性を指摘したのです。これは、「ケインズ革命」と呼ばれるほどの驚きで迎えられましたが、これに従ったアメリカのその後の成功があって定着しました。

新自由主義経済学の「異端性」

ところが、アメリカの経済がうまくいかなくなってきた一九七〇年代から、ハイエクやフリードマンといった人々がケインズを批判し、再び古典派経済学を持ち出しました。もし経済がうまく行かなければ、どこかに規制が入っていて自由競争が損なわれているからだ、とまで言う理論です。時代錯誤とも言えるこの理論は、新自由主義経済学などと言われ、今もアメリカかぶれのエコノミストなどにもてはやされているのです。

第三章で述べましたように、これはアダム・スミスの二番煎じにすぎません。アダム・スミスはジョン・ロックの経済版にすぎず、ジョン・ロックの説はカルヴァン主義を自分流に取り込んだだけのいかがわしいものです。予定説を一大特徴とするカルヴァン主義は、キリスト教でもプロテスタントの一部が信奉するにすぎず、カトリック、ギリシャ正教、ロシア正教などは無論認めていません。

市場経済には、ノーベル経済学賞をもらった偉い先生たちによる一見立派な論理がありますが、このように元をたどれば、単なるキリスト教の一派の教義にすぎません。しかも、世界中の人間の恐らく九割以上の人にとって、あまりにも無慈悲で冷酷な予定説に、論理の出発点があるのです。だからこそ、経済に限っても多大なひずみが出ているのです。そのためか、ノーベル経済学賞を廃止すべし、という意見も強くあります。

キリスト教原理主義

恐らく教会の過剰な権威を否定するために生み出されたカルヴァンの予定説と、王権神授説に対抗し個人の権利を確保するためにカルヴァン主義を利用したロックの自由、平等、国民主権などが、現代のすべてです。アメリカを旗手として世界を席巻しつつあるこれらは、一言で言うと「キリスト教原理主義」です。キリスト教もイスラム教も尊敬すべき立派な宗教ですが、「原理主義」がつくと一転して危険思想になるのです。

世界はこの教義、およびそこから出発した論理に取り憑かれています。教義を信じているからこそ、アメリカはそれを自信満々で押しつけてきます。アメリカが信ずるのは一向に構いません。ただ、こうした思想と論理の浸透した文明国が、みな荒廃に陥っていることは注目すべき事実です。

自由、平等、国民主権などは、もちろん教会の権威や絶対王政を倒すうえで目覚ましい力を発揮しました。しかし、それらが打倒されたと同時に、その歴史的使命を終えるべきものだったのです。教会の過剰な権力も絶対王政もない現代、これらの理念は余りにも時代遅れなのです。

口角泡を飛ばさずとも……

第二章で論理の無力を説き、第四章で、それに代わるものとしての「情緒と形」について述べました。もののあわれなどの美しい情緒、そして武士道精神から来る慈愛、誠実、惻隠、名誉、卑怯を憎む、などの形です。現代を荒廃に追い込んでいる自由と平等より、日本人固有のこれら情緒や形の方が上位にあることを、日本は世界に示さねばなりません。自由、平等、市場原理主義といった教義は、共産主義がそうであったように、いかに立派そうな論理で着飾っていても、人間を本当に幸せにすることはできないからです。

世界に示すには、世界に向かって口角泡を飛ばすのではなく、まず日本人それぞれが情緒と形を身につけることです。それが国家の品格となります。品格の高い国に対して、世界は敬意を払い、必ずや真似をしようとします。それは、文明国が等しく苦悩している荒廃に対する、ほとんど唯一の解決策と私には思えるのです。

品格ある国家の指標

品格ある国家の特徴にはどんなものがあるでしょうか。情緒と形を身につける、というのでは抽象的で目に見えにくい。これらを身につけるとどんな国家となるか、具体像がないと、どちらへ向かって進めばよいか分かりません。

品格ある国家の指標は四つあります。

その①独立不羈

一番目は、国家の独立不羈《ふき》です。自らの意志に従って行動のできる独立国ということです。現代日本は、ほとんどアメリカの植民地状態にあり、まったくこの条件を満たしていません。世界に誇る日本の美しい情緒や形に触れることで、戦後失われた祖国への誇りと自信を取り戻すことができます。誇りと自信がないと、繁栄しているならどこの植民地であろうと構わないではないか、守ってくれる国があるのなら、その国の言いなりになってもよいではないか、となります。欧州各国と比べて、極端に低い食糧自給率を高めることも、独立国として大切です。日本が四〇％弱であるのに比べ、イギリスでも七五％、ドイツは九〇％、フランスなどは農産物の大輸出国です。

独立不羈には、自分の国は自分で守るという覚悟も必要です。注意すべきは、確固たる防衛力は、隣国への侵略力にも転じかねないということです。だからこそ一層、美しい情緒と形が必要なのです。

その②高い道徳

二番目は高い道徳です。日本人の道徳の高さについては、戦国の終わりから安土桃山時代にかけて我が国を訪れた宣教師をはじめとする人々が、異口同音に驚きの声を上げました。これは明治になっても同じでした。明治初年に来日し、大森貝塚を発見したアメリカの生物学者モースは、日本人の優雅と温厚に感銘し、「なぜ日本人が我々を南蛮夷狄《いてき》と呼び来ったかが、段々判って来る」と書きました。モースはさらにこう書きます。「日本に数ヶ月も滞在していると、どんな外国人でも、自分の国では道徳的教訓として重荷となっている善徳や品性を、日本人が生まれながらに持っていることに気づく。最も貧しい人々でさえ持っている」と。

昭和の初め頃までに日本に長期滞在した外国人の多くは、同様のことを記しています。逆に、日本からアメリカへ行ったキリスト者の内村鑑三や新渡戸稲造は、故国の道徳の高さに打たれました。道徳の高さを測る尺度はありませんが、過去千年間の各国を何らかの方法で比較することができたら、おそらく段違いで日本人がトップと思われます。この、日本人のDNAに染みついているかの如き道徳心が、戦後少しずつ傷つけられ、最近では市場経済によりはびこった金銭至上主義に、徹底的に痛めつけられています。野卑な諸外国に合わせず、高い道徳という国柄を保つこと、そのために情緒と形を取り戻すことです。日本人が、この特性により世界に範を垂れることは、人類への貢献なのです。

その③美しい田園

第三は美しい田園です。美しい田園が保たれているということは、金銭至上主義に冒されていない、美しい情緒がその国に存在する証拠です。イギリスを訪れた人は誰でも田園の美しさに打たれます。それを見ただけで、イギリス人が金銭至上主義に染まっていないことが分かります。品格の高さが感じられます。実は彼等もかつてはそれに染まっていました。一世紀前に卒業してしまったのです。金銭が必ずしも幸せをもたらさないことを見てしまったのです。

美しい田園が保たれている、ということは、農民が泣いていない、ということでもあります。経済的にもっともしわ寄せを受けやすい農民にまで心が配られていて、農民が安心して働いている証拠です。経済原理だけでなく、祖国愛や惻隠の情が生きていることでもあります。

田園が乱れている、というのは恥ずべき姿です。かつて我が国の田園美は、維新の頃に訪れたほぼすべての欧米人に「こんな美しい国で一生過ごしたい」「日本の田園はすべて公園である」「日本の道は夢のよう」などと褒めそやされたものでした。その田園は、市場原理により、ここ十数年ほどですっかり荒らされてしまいました。

その④天才の輩出

第四は、学問、文化、芸術などで天才が輩出していることです。先に申しましたように、天才が輩出するためには、役に立たないものや精神性を尊ぶ土壌、美の存在、跪く心などが必要です。市場原理主義は、これらすべてをずたずたにします。アメリカという反例があるではないか、と言う人もいるかと思いますが、違います。アメリカはその富と世界一の研究条件に魅せられて流入する、世界の天才秀才たちに支えられているのです。何らかの理由で流入が止まったら、それまでです。

日本は天才を生む土壌を着実に失いつつあります。美の源泉でもある田園は荒れ、小学校から大学まで、役に立つことばかりを追い求める風潮に汚染されています。跪くのは金銭の前ばかりです。金銭を低く見るという武士道から来る形は、すっかり忘れられました。田園が荒れれば、日本の至宝とも言えるもののあわれや美的感受性などの情緒も危殆に瀕します。

世界を救うのは日本人

日本は、金銭至上主義を何とも思わない野卑な国々とは、一線を画す必要があります。国家の品格をひたすら守ることです。経済的斜陽が一世紀ほど続こうと、孤高を保つべきと思います。たかが経済なのです。

大正末期から昭和の初めにかけて駐日フランス大使を務めた詩人のポール・クローデルは、大東亜戦争の帰趨のはっきりした昭和十八年に、パリでこう言いました。

「日本人は貧しい。しかし高貴だ。世界でどうしても生き残って欲しい民族をあげるとしたら、それは日本人だ」

日本人一人一人が美しい情緒と形を身につけ、品格ある国家を保つことは、日本人として生まれた真の意味であり、人類への責務と思うのです。ここ四世紀間ほど世界を支配した欧米の教義は、ようやく破綻を見せ始めました。世界は途方に暮れています。時間はかかりますが、この世界を本格的に救えるのは、日本人しかいないと私は思うのです。

藤原正彦　1943(昭和18)年生まれ。お茶の水女子大学理学部教授。数学者。作家・新田次郎と藤原ていの次男。『数学者の言葉では』『若き数学者のアメリカ』『遥かなるケンブリッジ』など著書多数。

Ⓢ新潮新書

141

国家《こつか》の品格《ひんかく》

著　者　藤原正彦《ふじわらまさひこ》

2005年11月20日　発行
2006年 4 月15日　24刷

発行者　佐　藤　隆　信
発行所　株式会社新潮社
〒162-8711　東京都新宿区矢来町71番地
編集部(03)3266-5430　読者係(03)3266-5111
http://www.shinchosha.co.jp

印刷所　株式会社光邦
製本所　憲専堂製本株式会社

ISBN4-10-610141-6 C0231

価格はカバーに表示してあります。